| 관리의 법칙 100 |

모든 직급의 관리자를 위한

리더십 핸드북

THE

RULES OF

관리의 법칙 100

모 든   직 급 의   관 리 자 를   위 한

리더십 핸드북

MANAGEMENT

리차드 템플러 지음 | 한근태 옮김

머리말

경영관리는 특정한 사람들에게만 국한된 것이 아니라, 우리 모두가 어떤 시점에 스스로를 발견하는 것이다.

- 진로 지도 교사: 졸업한 후에 어떤 일을 하고 싶니?
- 열여섯 살의 학생: 저는 관리자가 되고 싶어요.

어릴 적부터 관리자가 되고 싶었던 사람이 있는가? 나 역시 관리자가 되고 싶은 꿈을 가졌던 적은 없다. 그러나 당신은 지금 관리자의 자리에 있다.

사람들은 관리자인 당신에게 많은 역할을 기대한다. 의지할 수 있는 사람, 지도자, 혁신가, 마술사(임금인상, 자원과 임시고용 등의 문제를 해결할 수 있는), 관대한 삼촌이나 이모, 위로받을 수 있는 사람, 동기부여자, 엄격하면서도 공정한 사람, 외교관, 정치가, 금융 전문가, 보호자, 구세주 그리고 성인.

관리자는 자신이 고용하지 않은 사람, 별로 좋아하지 않는 사람, 공통

점이 전혀 없는 사람 그리고 자신을 썩 좋아하지 않는 사람까지도 모두 책임져야 한다. 그들을 달래 일할 수 있게 해야 한다. 직원들의 물질적, 감정적 그리고 정신적 안전도 돌봐야 하며, 그들이 스스로를 그리고 서로를 방해하지 않도록 해야 한다. 당신은 회사에서 정해 놓은 원칙에 준해서 그들이 작업을 수행할 수 있는지를 확인해야 한다. 관리자의 권리, 그들의 권리, 기업의 권리 그리고 노조의 권리를 알아야 한다.

물론 이 모든 것보다도 당신의 일을 잘해야 한다.

관리자는 침착하고 차분해야 한다. 화가 난다고 소리를 지르고 물건을 집어던지거나 편파적이어서는 안 된다.

팀을 돌보고 그들에게서 가장 좋은 결과를 얻어 내야 한다. 팀원들은 가끔 어린아이처럼 행동할 수도 있다. 그러나 관리자는 그들을 때리고 꾸중하거나 해서는 안 된다(해고해서도 안 된다). 팀원들은 때로 늦잠을 자서 지각을 하거나, 결근하기도 하며, 일하는 것을 거부하는 등 십대 청소년처럼 행동할 수도 있다.

대부분의 관리자들이 그렇듯이, 나도 여러 팀을 관리해 왔다(내 경우에는, 한 번에 백 명이 넘는 사람들이었다). 사람들은 내가 자기들의 이름과 작은 약점까지도 알아주기를 기대했다. 헤더는 화요일에 딸을 데리러 가야 하기 때문에 늦게까지 일할 수 없다. 트레버는 색맹이므로 시사회에서 일하기에는 적합하지 않다. 맨디는 점심시간에 전화를 받게 하면 골을 내서 고객을 화나게 한다. 크리스는 팀 활동에서는 훌륭한 성과를 거두지만 개인 업무는 그렇지 못하다. 레이는 술을 즐기므로 운전을 시켜서는 안 된다.

관리자로서, 당신은 또한 상사와 직원 사이의 완충 역할을 해야 한다. 상부로부터 터무니없는 지시사항이 내려와도 당신은 팀원들을 납득시키고, 투덜대거나 비웃어서는 안 되며, 팀원들이 지시사항에 따라서 일할 수 있게 해야 한다.

뿐만 아니라 팀원들의 사기가 저하될지라도 '올해 임금 인상은 없다' 는 것을 받아들이도록 설득해야 한다. 회사 내에 루머가 떠돌고 직원들의 질문 세례를 받더라도 경영권 취득, 기업합병, 비밀 협정 등에 관한 기밀사항에 관해서는 입을 다물어야 한다.

관리자는 직원 개개인뿐 아니라 예산, 규율, 의사소통, 효율성, 법률 문제, 연합 문제, 건강과 안전 문제, 인사 문제, 연금, 질병 수당, 출산휴가, 휴일, 결근, 근무시간 기록표, 기부금 등을 살펴야 한다. 또한 고객들의 작은 문제에도 소홀해서는 안 된다.

당신은 다른 부서, 팀, 고객, 상사, 주주, 경리부와도 싸워야 한다.

그리고 일정한 원칙을 세워야 하는데 이는 당신이 시간을 지키고, 솔선수범하며, 적절한 옷차림을 하고, 근면성실하며 공평해야 함을 의미한다. 또한 직원들이나 주주, 혹은 사회로부터 비웃음을 사게 될 수도 있으며 무능하고 불필요하다는 평가를 받을 수도 있다는 것을 받아들여야 한다.

당신이 하고 싶은 것은 당신의 일이다. 다행히도 이 책에서 당신이 멋지게 난관을 극복하며 좋은 결과를 얻을 수 있게 하는 몇 가지 힌트를 얻을 수 있을 것이다. 이것은 '관리의 법칙' 이다. 게임에서 앞서 나가고 싶다면 이것들을 숙지하라.

관리는 예술이고 과학이다. 경영과 관리를 하는 방법에 대해 수천 쪽에 걸쳐 저술한 책은 매우 많다. 훈련 코스도 수없이 많다. 그러나 훌륭한 관리자를 만들어 줄 수 있는 다양한 법칙들이 이런 책과 훈련 코스에는 포함되어 있지 않다. 한두 사람을 관리하든 수천 명을 관리하든 성공 법칙은 같다.

이 책에서 당신이 알지 못했던 것을 발견하지는 않을 것이다. 설사 몰랐던 것이라도 이 책을 읽고 나면 너무나 당연한 것이라고 생각될 것이다. 모든 것은 너무나 분명하고 당연하다. 그렇지만 정신없이 빠르고, 그저 흉내만 낼 뿐인 우리의 인생에서, 이러한 것들에 대해 생각할 틈이 없었을 것이다. 이것을 실행에 옮기는 문제는 더욱 불분명하다.

"난 이미 그 법칙을 알고 있어"라고 말해도 좋다. 하지만 현명한 사람이라면 자신에게 각각의 법칙에 대해 질문해 보라. 당신은 이것을 실천하고, 수행하며, 기준으로 삼았는가? 또 확신하는가?

당신을 위해 이 법칙들을 두 가지로 나누어 정리해 보았다.

• 팀을 관리하기
• 자기 자신을 관리하기

이 책의 법칙들은 상당히 간단하다. 어떤 특정한 순서에 따라 법칙을 나열한 것은 아니다. 첫 번째 것이 다음 것보다 더 중요한 것도 아니며 그 반대도 아니다. 이 책의 법칙들을 모두 읽고 가장 쉬워 보이는 것부터 선택하여 실천하라. 대부분의 법칙들은 함께 실행할 수 있는 것이므로 당신도 모르게 동시에 여러 법칙들을 실천할 수도 있을 것이다.

시작하기 전에 '관리'라는 말이 정확하게 의미하는 바가 무엇인지에 대해 살펴볼 필요가 있다. 물론 말처럼 간단하지는 않다. 우리는 돈을 벌기 위해 자영업을 하고, 기업가가 되며, 고용을 하고, 부를 상속받기도 한다. 우리는 모두 관리를 해야 한다. 그것이 자기 자신에 한정된 이야기라 할지라도 우리는 항상 사용 가능한 자원, 동기, 계획, 설비, 예산 등을 최대로 이용할 수 있게 해야 한다. 우리들 중의 일부만이 다수의 팀원과 함께 관리를 한다. 그러나 기본적인 내용에는 별 차이가 없다.

하버드 비즈니스 스쿨은 관리자를 '다른 사람들을 통해 결과를 얻는 사람' 이라고 정의한다. 저명한 경영 컨설턴트인 피터 드러커는 관리자란 '계획하고 실행하며 감독할 책임이 있는 사람' 이라고 말했다.

관리자는 조직의 팀을 나누어 형성하는 고용주이고, 조직의 목표 달성을 위해 위임받은 권력을 행사할 책임이 있다. 관리자는 인적 자원을 관리하고 기업의 가치를 실행하고 홍보하며, 조직 내의 변화를 이끌어야 한다(The Leadership Network, California).

어쨌든 좋다. 우리는 모두 어떤 형태로든 관리자이고 계속해서 관리을 해야 한다. 우리 삶을 수월하게 만드는 것은 그것이 무엇이든 보너스이다. 여기 간단한 관리의 법칙이 있다. 이것은 돌려 말하거나 그 의도를 숨기지 않으며, 상당히 분명하다. 하나하나 주의 깊게 생각하고 실패 없이 행한다면, 당신의 삶과 일에 엄청난 발전이 있을 것이다.

당신은 이 책에 나온 모든 것을 알고 있지만, 행하고 있는가? 이 책은 이미 당신이 알고 있는 것을 행할 수 있게 도와줄 것이다.

CONTENTS

[PART 2 | **스스로를 관리하라**]

PART 1

:

팀을 관리하라

THE RULES OF MANAGEMENT

▎**우리는** 사람들과 함께 일해야 한다. 보통 회사에서는 사람들을 팀, 부서 등으로 구분하지만 이것은 그리 중요하지 않다. 대다수의 관리자들은 자신들이 사람을 경영한다고 생각하는 실수를 범한다. 게다가 많은 관리자들이 사람들을 도구나 장사 수단으로 생각하기도 한다.

하지만 불행하게도 이것은 잘못된 생각이며 진정한 관리자의 역할은 사람보다는 과정을 경영하는 것임을 알아야 한다. 진정한 경영에 있어서 집중해야 하는 것은 바로 전략이다. 팀은 단지 목표를 달성하기 위한 수단이다. 사람을 기계로 대체할 수 있다고 해도, 우리는 여전히 전략이 필요하며 과정을 경영해야 한다.

많은 사람들이 자동화로 일자리를 잃었지만 진정한 일은 여전히 남아 있다. 좋은 관리자는 변화, 과정, 전략, 발달과 균형을 염두에 둔다. 이 모든 것들에서 사람이 필요할 수도 있고, 그렇지 않을 수도 있다. 하지만 모든 과정 속에서 사람을 무시할 수 없으므로 그들이 스스로 자기 관리를 할 수 있도록 해 주어야 한다.

우리는 관리자로서, 사람들과 함께 일을 해야 한다. 그리고 무엇이 그들에게 동기를 부여하는지, 어떻게 생각하고 느끼는지, 왜 일하러 오고 최선을(혹은 최악을) 다하는지, 두려워하는 것과 희망하고 꿈꾸는 것은 무엇인지를 알아야 한다. 그들을 격려하고 코치하며 스스로를 관리할 수 있도록 자원을 제공해야 한다. 그들 편에 서서 지지하되 직접 관리하기보다는 스스로 관리할 수 있게 하고 관리자로서의 역할에 집중해야 한다.

001

정서적으로 사로잡아라

성공할 기회를 만들기 위해 일하지 말고, 정말 좋은 것을 위해 일하라.
— 베흘라프 하벨Vaclav Havel, 전 칠레 공화국 대통령

당신은 사람을 관리하고 그들은 작업에 대한 대가를 받는다. 하지만 일이 그들에게 있어 단지 직업이고 일자리일 뿐이라면, 최고의 효과를 얻을 수 없다. 그들이 계속 시계만 쳐다보며 일하는 시늉만 한다면 실패할 것이고 스스로 즐기고 도전적으로 전력을 다해 일한다면 엄청난 효과를 거둘 수 있다. 고역스럽게 일을 하던 사람을 신바람 나게 일하는 사람으로 변화시키는 것은 전적으로 당신에게 달려 있다. 그들을 격려하고 이끌고 자극하며 정서적으로 사로잡는 것이 관리자의 임무이다.

당신은 스스로 자극하기를 좋아한다. 그렇지 않은가? 한 팀을 정서적으로 사로잡는 것은 그리 어렵지 않다. 그들이 일에 관심을 갖게 하면

된다. 그것 역시 쉽다. 그들이 하는 일이 사람들의 삶에 어떤 영향을 끼치고, 일을 통해 다른 사람들과 어떻게 접촉하며 관계하는지를 알게 하라. 그리고 그들이 사장이나 주주들의 주머니를 불리기보다는 변화를 만들고 사회에 이바지하고 있다는 확신을 갖게 하라.

물론 영업 팀보다는 간호사들에게 그들이 어떻게 사회에 기여하고 있는지를 보여주는 것이 더 쉽다. 하지만 조금만 더 생각해 보면, 모든 일에서 가치를 발견하고 사람들에게 자신감을 불어넣어 줄 수 있다. 광고판 영업을 하는 사람은 공간을 판매해서 다른 회사를 도와주어 작은 회사라도 시장과 닿을 수 있게 한다. 그들은 오랫동안 물건을 원했거나 매우 필요로 하고 있는 잠재 고객의 주의를 환기시킬 수 있다. 또한 광고 수입에 의존하는 신문이나 잡지를 돕고, 신문과 잡지는 독자들에게 정보를 전달하며 기쁨을 준다.

그들이 관심을 가질 수 있게 하라. 결코 어렵지 않은 일이다. 사람들은 당연히 모두 존중받고 쓸모 있기를 원한다. 냉소적인 사람은 말도 안 된다는 반응을 보일 수도 있겠지만, 이것은 사실이다. 당신은 충분히 멀리 뻗어나갈 수 있을 것이고 관심과 걱정, 책임감과 소속감을 발견하게 될 것이다. 모든 직원을 끌어올려라. 그러면 그들은 이유를 깨닫기 전에 당신을 따를 것이다.

물론 그 전에 당신 스스로기 확신에 차 있이야 한다. 스스로 긍징직인 변화를 만들고 있다고 믿는가? 그렇지 않다면 노력해서 관심 갖는 방법을 발견하라.

002

팀이 무엇인지,
어떻게 일하는지를 알아라

좋은 선수를 얻는 것은 쉽다. 어려운 일은 선수들을 함께 일하게 하는 것이다.
— 케이시 스텐겔Casey Stengel, 뉴욕양키즈 야구단 감독

팀은 무엇이고 어떤 식으로 일하는가? 성공적인 관리자가 되고 싶다면,
이 문제에 대한 답을 알아야 한다.

팀은 단순히 사람들의 집합이 아니다. 팀은 자체의 동력과 자질, 약
속을 가지고 있는 조직이다. 이 사실을 모른다면 당신은 갈팡질팡하고
허둥댈 것이고, 안다면 팀이 훌륭한 성과를 거두도록 할 수 있다.

어떤 팀이나 내부에는 다른 방향과 힘으로 밀고 당기는 여러 사람들
이 있기 마련이다. 요란하고 강하게 당기는 사람이 있고 뒤에서 미는
것을 즐기는 사람도 있다. 전혀 나서지 않으려는 사람들도 있지만 당신
에게는 이들의 아이디어도 필요하다.

만약 아직까지 팀 동력을 본 적이 없다면, 메러더스 벨빈Meredith Belbin의 『팀제경영: 왜 그들은 성공하고 또는 실패하는가Management Teams: Why they succeed or fail』라는 책을 읽어보기 바란다(팀 동력을 봤다면, 바로 다음 원칙으로 넘어가라). 이 책은 팀을 잘 운용하여 성과를 얻으려고 하는 사람들을 위한 것이다. 지금부터 벨빈이 말한 내용을 알기 쉽게 설명하겠지만, 무엇보다도 나는 당신들이 이 원칙을 즉각 실행하기를 바란다.

벨빈은 팀에는 아홉 가지 역할이 있으며 우리는 모두 그 중 하나 이상을 하고 있다고 말한다. 자기의 역할에 대해 아는 것도 좋지만, 다른 사람들의 역할에 대해서도 알고 그 정보를 가지고 일하는 것이 더욱 유용하다. 아홉 가지 역할은 다음과 같다.

- **생산자**the Plant: 새로운 생각을 하고 신선한 아이디어를 내놓는다. 문제에 대한 해결책을 제시하고 완전히 다른 식으로 생각한다.
- **자원 연구자**the Resource Investigator: 창의적이다. 아이디어를 택하고 적용하는 것을 좋아한다. 적극적이며 대중적이다.
- **조정자**the Co-ordinator: 잘 훈련되고 관리된다. 목표에 집중하고 팀을 결성할 수 있다.
- **주형가**the Shaper: 매우 성과 지향적이다. 도전받고 성과를 내는 것을 좋아한다.
- **평가자**the Monitor Evaluator: 분석하고 균형을 맞추며 비교 검토한다. 침착하고 공평하며 객관적이다.
- **협동자**the Team Worker: 지지하고 협동한다. 팀을 위해 최선을 다한다.

- **수행자** the Implementer: 훌륭한 조직을 만드는 노하우를 가지고 있다. 상식적으로 임무를 완수한다.
- **정리가** the Completer: 세부사항을 검토한다. 스스로 말끔히 마무리하고 꼼꼼하고 섬세하다.
- **전문가** the Specialist: 전문화된 기술을 갖기 위해 노력한다. 매우 전문적이고 추진력을 가지고 있다.

이제 당신은 팀 내에 어떤 역할을 하는 사람들이 있는지 알았다. 그럼 팀은 무엇이고 팀을 효과적으로 운용하기 위해서 어떻게 해야 할까? 팀이란 모든 팀원이 공동의 목표를 가지고 모인 집합임을 이해하라. 개개인이 각기 다른 목표를 가질 때 팀은 함께 일할 수 없다.

'나'라는 말보다 '우리'라는 말을 더 자주 들을 때 혹은, 어려운 결정이 쉬워질 때 팀이 있다는 것을 알게 될 것이다. 왜냐하면 누군가가 "괜찮아. 우리는 함께 있잖아"라고 말하기 때문이다.

003

현실적인 목표를 세우라

우주에 흔적을 남기자.
— 스티브 잡스Steve Jobs, 애플사 CEO

어떤 사람은 현실적인 목표를 세우는 것이 오히려 비현실적이며 팀에 영향을 주려면 목표는 높게 잡아야 한다고 말했다

그렇지만 현실적인 목표가 낮거나 달성하기 쉬운 목표를 의미하지는 않는다. 그것 역시 힘들고 애를 먹이며 달성하는 데 많은 노력이 필요하다. 당신 팀은 두 배의 노력을 기울이고 더욱 열심히, 오랫동안, 빈틈없이 일해야 한다.

현실적인 목표란 팀이 할 수 있고 상사가 기대할 수 있는 것을 의미한다. 관리자는 어떻게 해서든지 그것을 조화시켜 양쪽을 만족하게 해야 한다. 팀원들을 지나치게 압박해서도 안 되고, 상사에게 태만하다는 인

상을 줘서도 안 된다.

　상사가 비현실적인 목표 설정을 고집하면, 당신이 그의 생각을 바꿔야만 한다. 억지를 부리거나 꾸물거리지 마라. 어떻게 그 목표가 달성 가능하다고 생각하는지 물어보라. 그리고 그것은 비현실적이라고 말하라. 철저하게 준비해서, 그 목표가 비현실적이라는 당신의 주장이 정당함을 입증하라. 사실에 근거한 현실적인 목표를 제안하라. 그들은 좀더 현실적인 목표를 세우거나 불가능한 것을 달성하라고 명령할 것이다. 어느 쪽이 되었든, 당신이 그 문제를 해결해야 한다. 상사가 현실적인 목표를 세운다면, 그 목표를 충족시키기만 하면 된다. 만약 비현실적인 목표 달성을 요구해도, 당신은 결백하다. 목표 달성에 실패해도, 당신이 그 목표에 반대했음을 주장하고 설명하면 된다.

004

회의를 효율적으로 하라

난상토론에서 나온 아이디어는 대체로 피상적이고 시시하며 독창성이 떨어진다.
그것은 좀처럼 쓰이지 않는다. 그러나 그 과정에서 창조적이 아닌 사람들은
자신이 혁신적인 기여를 하고 있으며, 다른 사람들이 자신의 말을 듣고 있다는
느낌을 받게 된다.
— A. 하브 블럭A. Harve Block, 보케논 시스템 CEO

사람들은 두서없이 말을 하고, 질질 끌고, 별다른 내용도 없으며, 정보
도 부족한 상태에서 회의를 한다. 관리자로서 효율적인 회의를 하라.
우선 회의 목적이 무엇인지를 결정하고, 그 목적을 성취할 수 있게 하
라. 기본적으로 회의는 네 가지 목적을 가지고 있다.

- 팀 만들기
- 정보 알리기
- 아이디어를 내놓고 결정하기
- 정보 수집하기

모든 회의가 하나 이상의 목적을 가지고 있겠지만, 어떤 목적으로 회의가 열렸는지 분명히 해야 한다. 정보를 알리기 위한 회의라면 그것에 중점을 두어야 하고, 정보에 대한 논의라면 거기에 맞는 회의를 해야 한다. 팀원들을 서로 이어주고 사회화하며 서로에 대해 알고, 리더로서 당신의 역할도 알게 해 주는 다양한 회의가 있다는 것을 인지하라.

효율적인 회의를 원한다면, 먼저 확고하게 중심을 잡아라. 우유부단한 민주주의는 없다. 당신은 경영자고 책임이 있다. 효율적이기 위해서는 추억에 잠기거나, 두서없이 말하거나, 아무 말이나 지껄이지 못하게 해야 한다. 가능한 빠르게 회의를 진행시켜야 한다.

중요한 것이 있으면 의제로 삼으면 되고, 중요하지 않다면 회의에서 이야기할 필요가 없다.

회의는 일을 시작할 때보다는 일을 마칠 무렵 하는 것이 좋다. 그 시간에 하면 사람들이 집에 빨리 가고 싶어 하므로 회의가 짧아질 것이다. 아침 시간은 사람들에게 주제에서 벗어나 수다를 떨 수 있는 시간을 준다. 긴밀한 유대감 조성을 위한 회의가 아니라면 아침은 피하는 것이 좋다.

당신이 전자메일, 전화, 1 대 1 접촉을 통해 회의를 얼마나 많이 열 수 있는지 생각해 보라.

모든 회의는 정확한 시간에 시작하라. 누구도 기다리지 마라. 늦은 사람을 위해 내용을 다시 반복하지도 마라. 그들이 중요한 것을 놓치면 회의가 끝난 후 다른 사람으로부터 들어야 할 것이고, 다음부터는 회의에 늦지 말아야 한다는 것을 배울 것이다.

회의 스케줄은 미리미리 잡아서 누구도 그날 다른 일이 있다는 말을 할 수 없게 하라. 모든 사람들의 동의를 받아 날짜를 확정하라.

누가 시간을 잘 지키는지 알아보고, 확인한 후 마음에 새기라. 이 문제에 대해 억압적이거나 공격적일 필요는 없으며, 단지 호의적이면서 철저히 통제하면 된다.

모든 회의 의제에 대한 계획을 수립했음을 확인하라. 아무 계획도 세우지 않으면 회의는 단순히 잡담에 지나지 않게 된다.

참가인원이 여섯 명이 넘는 회의라면 다시 회의 내용을 세분화해서 나누고, 회의 참가자들에게서 각 회의의 내용을 보고받아라.

그리고 무엇보다 중요한 것은 ― 이것 하나만 당신의 가슴에 새겨라 ― 모든 회의는 명확한 목적을 가져야 한다는 것이다. 회의가 끝날 때에 목적을 달성했는지 아닌지 말할 수 있어야 한다. 회의할 때 너무 편한 의자는 되도록 피하는 것이 좋다. 사람들이 오래 앉아 있고 싶어 하기 때문이다.

유용한 팁

회의는 절대 정시에 잡지 마라. 3시보다는 3시 10분이 좋다. 사람들은 '이상한' 시간에 시간을 더 잘 엄수한다는 것을 발견할 수 있을 것이다. 정말 괴짜가 되고 싶다면 3시 35분을 시도해 보는 것도 좋을 것이다.

005

재미있는 회의를 하라

유머감각을 잃었다고 미리 말해 주시지 않겠습니까?
— 로저 래빗, 영화 〈누가 로저 래빗을 모함했나 Who Framed Roger Rabbit〉 중에서

오늘날의 화려한 자리에 오르기까지, 당신은 길고 지루하며 바보 같은 회의에 수도 없이 앉아 있었을 것이다. 그 패턴은 언제 어디선가 깨질 것이고, 당신이 그 일을 하길 바란다. 오래된 회의 방식은 이제 그만 끝내야 하고, 그 일에는 당신이 적격이다.

재미있는 회의를 만들어 보자. 어디선가 읽었던 아이디어 중 하나는 회의에 참석한 사람들에게 각각 다섯 개의 동전을 나누어 주고, 그들이 말을 할 때마다 동전 하나를 사용하게 한다. 일단 동전을 다 쓰면 그것으로 끝이며, 더 이상 아무 말도 할 수 없다. 이 방식은 사람들로 하여금 신중하게 말하게 할 것이다. 그들은 하찮은 데 동전을 사용하지 않을

것이고 회의는 재미있을 것이다. 하지만 모두들 동전을 아끼느라 아무 말도 하지 않는다면 당신에게 바보, 멍청이 혹은 무능한 회의 진행자라는 불명예를 안겨 줄지도 모른다. 그 외에도 여러 가지 방법이 있다.

- 화려한 옷차림을 하고 회의에 참석하게 한다.
- 먹을 것 혹은 음료수를 준비한다(단, 팀원들을 식당이나 술집에 데리고 간다면, 그것은 회의가 아니고 유대감 형성을 위한 것이다).
- 게임, 퀴즈 혹은 경기를 이용한다.
- 의자 밑에 붙여 놓은 초콜릿 따위의 작은 이벤트를 기획한다.
- 사람들이 집중하기 쉽도록 마이크를 사용한다.
- 눈가리개를 하고 회의를 진행한다.
- 가장 나이가 어린 사람에게 회의 진행을 맡긴다.

이 모든 것들은 사실 어리석고 우스꽝스러우며 바보 같은 행위이다. 위와 같은 예는 실행해서는 안 되는 것들이다. 그렇다면 바보처럼 보이지 않으면서 어떻게 재미있는 회의를 만들 것인가?

재미있다는 것은 딱딱하고 엄격하지 않으며, 사람들이 스스로 기여할 수 있게 하는 것이다. 사람들이 눈치 보지 않고 서로 웃음을 공유하는 것이다. 분위기를 가볍게 할 수 있는 이야기나 일화를 말하도록 하는 것이다. 또한 재미있다는 것은 항상 만나던 장소에 대해 다른 제안을 할 수 있을 만큼 유연한 것을 말한다. 아마 당신의 회사에는 언제든지 회의를 할 수 있도록 준비된 큰 회의실이 있을 것이다. 가끔씩은 이런 제안을 해 보자.

"날씨가 좋으니 오늘 회의는 밖에서 하는 것이 어때요?"

자신만만한 경영자는 마음이 편하고 침착하기 때문에 유연할 수 있다. 딱딱한 경영자는 불안하기 때문에 겁을 내고 없는 자신감을 감추기 위해 엄격한 접근 방법을 찾게 된다.

재미있다는 것은 딱딱하고 엄격하지 않으며, 사람들이 스스로 기여할 수 있게 하는 것이다. 재미있다는 것은 항상 만나던 장소에 대해 다른 제안을 할 수 있을 만큼 유연한 것을 말한다.

006

당신보다 나은 팀을 만들라

열심히 일하고, 스스로 엄격하게 훈련하며, 목표를 이루기 위해 기쁨을
포기하는 사람들이 가장 행복한 삶을 산다는 것은 이상한 일이다.
— 브루터스 해밀턴Brutus Hamilton, 데카슬론decathlon(10종 경기) 코치

정말 훌륭한 경영자는 언제 팀원들이 기뻐하고 희망을 갖는지 알고 있
다. 그들로 하여금 희망을 갖게 하기 위해서는 용기와 담력, 결단력과
엄청난 열정이 필요하다. 그들을 당신보다 낫게 만들 수 있어야 한다.
그들을 믿고, 좋은 자원을 주며, 당신 일을 인계받을 수 있게 훈련시켜
야 한다. 또한 업무를 인계할 때 배신하지 않을 것이란 믿음을 갖고, 그
들이 떠날 때 그들의 능력을 시기하지 않도록 스스로의 능력에 대한 자
신감을 가져야 한다.

지위에 대해 불안해하지 않고 편안한 마음을 가져야 한다. 팀원들도
그 사실을 받아들일 수 있도록 하라. 팀에 대해 살펴보라. 어떤 사람을

뽑았는가? 누가 하루라도 당신 자리를 대신할 수 있는가? 그들을 데리고 오기 위해 어떤 것을 나누어 줄 것인가?

당신이 계발하고 양성하고 싶은 사람이 당신을 대신할 수 있을 것이다. 그는 영리하고, 예리하며 열심인 사람일 것이다. 예전에 꽤 똑똑한 직원이 하나 있었는데 그는 나를 겁냈다. 그러나 내가 자리를 비우면, 그는 나를 대신했다. 그는 여러 차례 나와 함께 자리를 옮겼으며 항상 한 걸음 뒤에 있었다. 이상한 것은 그가 여러모로 나보다 나은데 절대 나를 앞지르려 하지 않는다는 것이다. 나에 대한 존중의 표현일 수도 있지만 그건 습관이었다. 당신이 좋은 팀을 구성하고 경영하면 그들은 그 체제에서 편안함을 느끼고 반항하거나 앞지르려고 하지 않는다. 팀원들은 화가 나거나 믿지 못할 때만 반항한다. 그들을 잘 보살피고 훈련하여 더 나아지게 만들라.

007

경계선을 그어라

우리가 경영진과 계약을 할 때 그들의 정확한 가치와 스스로 생각하는 가치에
정확하게 일치하는 대가를 치르지 못한다는 것은 정말 유감이다.

— 말콤 포브스Malcolm Forbes, 출판업자

훈련 방안에 대해 통달해야 한다. 팀을 보살피는 것은 부모가 아이들을
보살피는 것과 같다. 생존을 위해 부모로서 경계선을 긋고, 한 치의 용
인도 없이 훈련시켜야 한다. 조금만 틈을 주면 한도 끝도 없게 된다. 당
신이 '부드럽게' 보이면 그들은 그걸 이용하려고 한다. 분명한 경계선
을 긋는 것의 장점은 당신이 모든 것을 판단할 기준을 가지게 되는 것
이다. 이를테면 당신이 제시하는 원칙이 시간 엄수라고 해 보자. 만약 1
분 늦은 것이 괜찮다면, 2분은 어떤가? 2분도 괜찮다면, 3분은? 그러면
사람들은 어느 정도까지는 늦어도 된다고 생각한다. 하지만 단 1분도
허용하지 않는다면, 이야기는 분명해진다. 더 이상 그런 구체적인 문제

까지 생각할 필요가 없다. 반면 당신이 규칙 위반을 허용한다면 그 범위에 대해 고민해야 할 것이다.

수백 가지 규칙을 정하고 경직되어야 한다는 의미가 아니다. 분명하고 확고한 몇 가지 경계선을 정하라는 것이다.

개인이 아닌 팀을 다루고 있다는 사실을 기억하라. 누군가 규칙을 어기고도 대가를 치르지 않는다면, 그러한 분위기가 팀 전체에 확산될 수 있다.

부적절한 행동에 대해 확고한 태도를 취하는 것은 팀원에게 분명한 메시지를 전달한다. 그것은 당신이 편하고 느긋한 좋은 사람이라기보다는 팀이 성취할 수 있는 것을 중요하게 생각하는 훌륭하고 확고한 관리자라는 메시지이다.

008

가지치기할 준비를 하라

누구도 혼자서 교향곡을 연주할 수는 없다.
교향곡 연주를 위해서는 오케스트라가 필요하다.
—H.E.루콕H.E.Luccock, 목사

당신은 오케스트라 지휘자이다. 그러데 연주중 어디선가 문제가 생겼
다. 플루트의 가락이 안 맞고, 음조가 안 맞거나 다른 부분을 연주했다.
이럴 때, 당신에게는 세 가지 선택권이 있다.

• 참기
• 바꾸기
• 끝내기

이 세 가지에 대해 살펴보자. 모든 것들에 있어 — 인간관계, 삶과 일,

부모가 되는 것에 이르기까지 ─ 세 가지는 항상 같기 때문이다.

우선, 참는다고 하자. 오케스트라는 밋밋하고, 음조도 안 맞아 훌륭한 연주를 하지 못할 것이다. 청중은 들으려 하지 않고 무능하다고 비난할 것이다. 그리고 그들이 맞다.

이번에는 바꿔보자. 플루트 연주자 아무개 씨는 다시 훈련을 받는다. 교정 코스를 통해 재훈련을 받고 돌아오지만 그 과정에서 바순으로 바꾸기로 결심한다. 문제가 어느 정도 해결된다.

그런데 만약 알고 보니 그들이 음치라서 오케스트라를 할 수 없고 화재경보기를 울리는 일이나 해야 한다면 어떻게 할 것인가? 세 번째 방법을 써야 한다. 그들은 화재경보를 울리는 일 등 다른 분야에서 뛰어난 성과를 거둘 수도 있고, 당신의 결단력을 인정하게 될 것이다.

항상 죽은 나무, 우거진 수풀 그리고 서툰 플루트 연주자를 정리할 준비를 하라.

009

지나치게 간섭하거나
관리할 필요는 없다

과감하게 짐을 벗어버려라.
— 캐스피언 우즈Caspian Woods

홀륭한 관리자는 자신이 사람이 아닌 사건, 과정, 상황, 전략을 경영한다는 것을 알고 있다. 큰 정원을 소유하고 있고 정원사를 고용하기로 결심했다고 하자. 정원사를 경영하고 단속할 것인가? 아니다. 그는 스스로 충분히 자신의 일을 할 수 있을 것이다. 당신 일은 정원을 관리하는 것이다. 무엇을 언제 어디에 심을 것인지 결정해야 한다. 정원사는 마치 가래니 삽, 손수레 같은 도구가 되어 당신의 성원을 효과적으로 관리하는 데 유용하게 쓰인다. 당신이 원하는 작업을 말하면 그들은 그 일을 한다. 당신이 책임을 위임하면 그들은 땅을 파고 씨를 뿌리고 가지를 치며 잡초를 제거한다. 사실 식물 또한 스스로 관리를 한다. 당신이나 정원사가 키우는 것이 아니다. 정원사는 유능한 보조이고 작업을 수월하게 하기 위한 도구이다.

이제는 가능한 정원사에게 많은 의사결정권을 주고 당신은 그늘 밑에서 쉬면서 장기 전략을 세우고, 계절별 계획을 세우며 종자 관련 자료를 읽으라는 말을 이해할 수 있을 것이다.

정원사가 수확하고 묘목을 심고 가지치기를 하는 것을 감시하는 것은 불필요한 헛수고이다. 그들에게 일을 주고 알아서 하게 하는 편이 낫다. 그들이 일을 마치면, 당신은 작업을 점검하고 기대한 성과를 거두었는지 확인할 수 있다. 계속 체크하고 확인할 필요는 없다.

이것이 관리의 비밀이다. 고용인에게 할 일을 주고 알아서 하게 하라. 한두 번만 당신이 원하는 대로 잘하고 있는지 체크하고, 그 후부터는 그들이 알아서 할 수 있도록 놔둬라. 점점 그들의 할 일을 늘리고 사람들에 대해서는 손을 떼라. 팀을 만들고 그들을 믿어라. 때로는 이것이 역효과를 내서 사람들의 상태가 나빠지고 일을 게을리할 수도 있다. 그렇지만 그들은 당신 팀이고 당신이 관리자이기 때문에 이 역시 모두 당신 잘못이다. 일일이 간섭하기보다는 그런 일이 일어나지 않을 수 있는 방법을 찾아야 한다.

010

그들의 실수를 허용하라

보스는 비난받는 것을 책임지고, 관리자는 실수를 책임진다.

— 무명 씨

중국 속담에 다음과 같은 것이 있다. '나에게 말해 주면 한 시간 동안 기억할 것이다. 보여 주면 하루 동안 기억할 것이다. 그런데 내가 할 수 있게 해 주면 영원히 기억할 것이다.' 일리가 있는 말이다. 어떤 일이든 처음에는 잘하지 못한다. 실수도 할 것이다. 그래도 그들로 하여금 하게 하라.

당신이 부모라면, 자기가 혼자 마실 것을 따르겠다고 우기고 반 이상을 쏟아버리는 두 살배기 아이와 함께 있는 것이 얼마나 어려운지 알 것이다. 아이는 음료수를 쏟을 것이고 그것을 닦아야 하지만, 이 과정이 아이에게 얼마나 중요한지 알기 때문에 아이를 말리지 않고 여벌의

옷을 들고 아이 옆에 서 있는다. 그러는 당신은 이미 다음과 같은 사실을 알고 있다.

- 그들은 음료수를 엎지를 것이다
- 그것을 치워야 할 사람은 바로 당신이다.
- 한 번 엎지르고 나면, 다음부터는 조심할 것이다.
- 그러나 최소한 한 번은 그런 경험을 해야 깨달을 수 있다.

팀원이 어린아이와 같다고 말할 수는 없지만, 그들이 발전하기 위해서는 음료수를 쏟는 것 같은 과정은 필수적이다. 음료수를 쏟을 때마다 그들에게 그만두라고 말해서는 안 된다. 대신 칭찬해야 한다. "잘 했어. 멋져. 대단한 발전이다."

[
'나에게 말해 주면 한 시간 동안 기억할 것이다. 보여 주면 하루 동안 기억할 것이다. 그런데 내가 할 수 있게 해 주면 영원히 기억할 것이다.'
]

011

그들의 한계를 받아들여라

실수하는 것은 더 빨리 배운다는 것을 의미한다.
— 웨스톤 H. 아고르Weston H. Agor

효과적인 팀을 만들려면 다양한 팀원이 필요하다. 누군가는 특정 분야에서 뛰어나고 다른 이들은 그렇지 않다. 모두가 똑같다면 팀으로 일할 수 없다. 우리는 모두 리더가 되거나 뒤따르는 사람이 되고 당신은 그 조합을 필요로 할 것이다.

모든 팀원이 리더가 될 수 없고, 일을 잘 하는 사람과 그렇지 않은 사람이 있으며, 감독 없이도 일을 열심히 하는 사람과 그렇지 않은 사람이 있다. 이런 상황을 받아들이려면 직원들을 잘 알아야 한다. 그들의 강점과 약점, 장점과 단점을 알아야 한다. 그렇지 않다면 당신은 영원히 둥근 못을 네모난 구멍에 밀어 넣기 위해 애쓰게 될 것이다.

모든 사람이 당신처럼 똑똑하고 결단력 있고 열심인 것은 아니라는 것도 받아들여야 한다. 어떤 사람이 완전히 무능하다면 먼저 RULE 8(가지치기를 할 준비를 하라)을 완전히 숙지해야 할 것이다. 그렇지만 너무 성급하게 굴지는 마라. 당신은 천재 집단을 필요로 하는 것은 아니다 (사실 지나치게 똑똑한 사람들은 금방 떠날 것이다).

기계공이나 행정 보조원을 고용한다면 그들이 아인슈타인처럼 똑똑하거나 난상토론에 능한 사람일 필요는 없다. 여러 시간 동안 자리에 앉아 일에 집중하기만 하면 된다. 그들이 창의적인 아이디어, 혁신 혹은 새로운 기술을 개발할 것이라고 기대하지 마라. 그들 능력의 한계를 인정하고 받아들여라. 동시에 당신의 한계도 확인하라.

> 그들의 강점과 약점, 장점과 단점을 알아야 한다. 그렇지 않다면 당신은 영원히 둥근 못을 네모난 구멍에 밀어 넣기 위해 애쓰게 될 것이다.

012

사람들을 격려하라

구성원이 다른 사람의 기술을 칭찬할 수 있을 정도로 충분히 스스로 자신의
기여에 대해 확신할 수 있을 때 비로소 한 팀이 된다.
― 노만 글래스 쉬들Norman Glass Shidle

만약 당신이 그들에게 만족하고 있다는 것을 알려주지 않는다면, 그들
은 곧 무기력해진다. 사람들이 겉으로 드러내지는 않지만 일을 열심히
하는 가장 큰 이유 중 하나는 '상사로부터 칭찬받기' 위해서이다. 상
사, 바로 당신 말이다.

그들은 이것을 '인정' 혹은 '내가 꽤 잘해냈다는 느낌' 등으로 일컫
는다. 하지만 그들이 어떻게 그걸 알겠는가? 당신이 말해줘야 아는 것
이다.

그들이 어떤 일을 잘할 때까지 기다렸다가 칭찬할 수도 있고, 어떤 일
에 앞서 칭찬할 수도 있다. 그들이 일을 시작하기 전에 잘할 것이라고

격려하라. 그러면 더 잘할 수 있다. 상사와 스스로를 실망시키고 싶지 않기 때문이다.

훌륭한 팀을 만들고 최소한의 자원을 이용해서 좋은 결과를 얻고자 한다면 칭찬을 적극적으로 사용하라. 칭찬은 공짜다. 닳지도 않고, 언제나 효과적이며 시간도 들지 않는다.

그런데 왜 많은 관리자들이 칭찬에 인색한가? 남을 칭찬하기 위해서는 자기 확신이 필요하기 때문이다. 다른 사람을 아낌없이 칭찬하기 위해서는 자기 스스로 훌륭하다고 생각해야 한다. 스스로 미심쩍어한다면, 다른 사람에 대해서도 그렇게 된다. 그들을 의심한다면, 언젠가 그들이 일을 망쳐버릴 것이라고 생각하기 때문에 칭찬할 수 없다.

칭찬은 "그래, 넌 할 수 있어. 잘할 거야"라고 말할 수 있는 용기만 있으면 된다. 사람들에게 더 많은 책임감을 주고 확실히 믿어주고 많이 칭찬해 줄수록, 그들은 더 좋은 성과를 낸다.

모두가 서로 칭찬하는 분위기를 만들어라. "너는 할 수 있어"라는 말이 주변에서 매일 들려야 한다. 일을 잘하는 사람이 다른 동료를 거들어주는 것을 칭찬하라. 좋은 팀에서는 도움에 대해 격려하고 칭찬하는 분위기가 조성된다. 우리는 모두 한 팀이고 함께 성공하고 실패한다.

사람들이 겉으로 드러내지는 않지만 일을 열심히 하는 가장 큰 이유 중 하나는 '상사로부터 칭찬받기' 위해서이다. 상사, 바로 당신 말이다.

013

적합한 사람을 찾아라

가장 훌륭한 임원은 자리에 알맞은 사람을 뽑고 그의 일에 간섭을 안 하는 사람이다.
― 테오도르 루즈벨트Theodore Roosevelt, 전 미국 대통령(1910~1919)

자리에 적합한 사람을 뽑을 수 있어야 하고 그들이 알아서 일할 수 있
도록 해 주어야 한다. 그런 관리자가 되려면 약간의 직관력이 필요하
다. 능력 있는 사람을 고용하고 그들이 목표를 달성하기 위해 노력하는
것을 지켜볼 수 있다는 것은 당신 자신과 그들의 능력을 신뢰할 때만
가능하다.

당신이 무엇을 찾는지에 대한 생각뿐 아니라 어떤 사람을 찾는지에
대해 분명한 아이디어를 가지고 있어야 한다. 예를 들어, 당신이 찾는
것은 회계 관리자이다. 하지만 어떤 사람을 찾는 것인가? 팀플레이를
잘하는 사람? 다재다능한 사람? 의사 결정을 할 수 있는 사람? 계획을

짜는 사람?

어떤 사람을 찾는지 분명히 인식할 수 있다면, 적합한 사람을 찾는 탁월한 요령을 지닌 관리자가 될 것이다. 이것은 물론 요령이 아니고 계획이고 비전이며 논리이다.

경력에 혹해서 그가 어떤 사람인지보다는 무엇을 했던 사람인지만을 보는 실수를 저지른 적이 있다. 그는 경력이 좋고 일을 매우 능숙하게 했다. 하지만 남들과 협력하는 데 미숙했고 모든 것을 자신과 다른 관리자들과의 경쟁이라고 생각했다. 이런 생각은 함께 나아가길 원하는 모두에게 아무 도움이 되질 않았다. 나는 적합한 사람을 뽑는 데 실패한 것이다. 사람을 잘못 뽑았고 이를 극복하는 데 꽤 오랜 시간이 걸렸다. 어떤 사람을 원하는지 충분히 생각하지 않은 자신을 책망해야 했다.

만약 사람을 뽑는 데 미숙하고 개선이 필요하다면, 존경하는 사람과 함께 인터뷰를 함으로써 새로운 관점에서 관찰하라. 정말 필요한 사람을 뽑기 위해 당신을 도와줄 후원자나 코치를 찾아라.

014

대신 비난받아라

효과적으로 일하는 지도자는 절대 '나' 라고 말하지 않는다. 그것은 훈련을
통해 얻을 수 있는 것이 아니다. '나' 를 생각하지 않고 '우리' 혹은 '팀' 을 생각한다.
팀이 제기능을 다하게 하는 것이 자신의 임무라는 것을 안다. 책임을 피하지 않고
받아들이지만, 명성은 '우리' 가 얻는다. 이로 인해 믿음이 생기고 일할 수
있는 동력이 생기는 것이다.
— 피터 F. 드러커 Peter F.Drucker

유감스럽게도 팀이 잘못을 저지르면 그것은 모두 관리자인 당신 탓이
다. 반면, 팀이 잘하면 그 명성은 모두의 것이다. 좋은 관리자는 항상
다른 사람 대신 비난받는다. 물론 당신 팀을 핑계 삼는 것은 쉽지만, 문
제를 해결할 수는 없다. 당신은 리더이고, 관리자이고 상사다.

"우리는 목표를 달성하지 못했습니다. 왜냐하면…" 하고 말하는 것
은 쉽지만 "나는 목표를 달성하시 못했습니다. 왜나하면…" 하고 말하
는 것은 힘들다. 그러나 그렇게 말해야 한다. 그리고 그 이유 역시 '나'
에게서 찾아야 한다.

"목표를 달성하지 못했는데 그건 아무개 씨가 중요한 고객을 놓쳤기

때문입니다"라고 말하는 것은 쉽다. 하지만 누가 그에게 그런 중요한 고객을 맡겼는가? 당신이다. 누가 판매 팀을 조직했는가? 당신이다. 상황이 나쁠 때 대신 비난받고 잘못을 책임진다면, 팀원들은 당신에게 충성을 다할 것이다. 하지만 이것은 쉽지 않은 일이다. 자신감, 용기와 믿음 등이 필요하다.

이러한 비난을 당신의 것으로 받아들이는 일이 당신을 무능한 사람으로 비춰지게 하고 불리하게 작용할 것이라고 생각할 수도 있겠지만, 사실은 그 반대이다. 만약 상관에게 "우리는 계약을 성사시키지 못했고 책임은 제가 지겠습니다. 하지만 이런 일이 다시는 일어나지 않을 것이라고 확신합니다"라고 말한다면, 그들은 이것을 실패라고 생각하지 않을 것이다.

> 팀이 잘못을 저지르면 그것은 모두 관리자인 당신 탓이다. 반면, 팀이 잘하면 그 명성은 모두의 것이다.

015

믿을 만하다면 팀을 믿어라

누가 명성을 얻을 것인가에 신경 쓰지 않으면 엄청난 성과를 거둘 수 있다.
—해리 트루먼Harry Truman, 전 미국 대통령(1945~1953)

관리자가 항상 팀 잘못에 대한 비난을 대신 받아야 하는 것처럼, 일이 잘 되었을 때는 사람들을 많이 칭찬하고 격려해야 한다. 당신이 밤을 새고 열심히 일해서 중요한 고객과의 계약이 성사되었어도, '팀이 해냈다' 고 말해야 한다.

대신 비난을 받는 것과 같이 팀원을 믿고 칭찬하는 일도 그들의 충성을 이끌어 낸다. 크게, 공개석으로, 진심을 담아 말하라. '내 팀이 해냈다' 라고 생각하면서 겉과 속이 다른 칭찬을 하지 마라. 모두가 '당신의' 팀인 것을 알고 있고 더 말할 필요가 없다. "훌륭해. 우리는 환상적인 팀이다. 이런 팀과 일하는 것은 정말 행운이다" 라고 말하는 것은 괜찮다. 모두들 이것이 당신이 이끄는 팀이란 사실을 알고, 당신의 나서지 않는 겸손함을 사랑할 것이다.

이 모든 것이 많은 용기와 자신감을 필요로 한다. 물론 앞에 나서서 당신이 한 일에 대해 소리치고 싶겠지만 그럴 수 없다. 당신이 어떻게 생각하든지 간에 혼자서 한 일은 아니다. 당신이 판매를 한다면, 판매하는 물건은 팀이 생산한 것이다. 팀이 없다면 판매할 생각을 할 수도 없다. 팀이 일을 잘해서 상품을 판매하는 일이 매우 수월하다고 말하라. 그들의 긍지를 높여 두 배의 노력을 기울이게 할 것이다.

크게, 공개적으로, 진심을 담아 말하라. "훌륭해. 우리는 환상적인 팀이다. 이런 팀과 일하는 것은 정말 행운이다."

016

팀을 위해 가장 좋은
자원을 구하라

가장 훌륭한 임원은 자리에 알맞은 사람을 뽑고 그의 일에 간섭하지 않는 사람이다.
— 테오도르 루즈벨트 Theodore Roosevelt, 전 미국 대통령(1910~1919)

팀이 당신에게 큰 영예를 가져다주기 위한 도구라면, 그 팀이 사용하는
자원은 이를 앞당기기 위한 수단이다. 많은 관리자들은 자원을 줄임으
로써 이득을 남길 수 있다고 생각한다. 하지만 나는 그렇게 생각하지
않는다. 팀을 위해 최상의 자원을 제공해야 한다. 그럴 수 없다면, 당신
도 더 큰 영예를 위한 기회를 가질 수 없다. 부디 팀에게 가장 좋은, 최
상의 자원을 주고 알아서 사용하게끔 하라.

사람들이 어떤 기술을 필요로 한다면 힘들어도 구해줘야 한다. 그들
이 더 많은 사람, 크고 좋은 기계, 질 좋은 도구를 필요로 한다면 주어
라. 일을 더 빨리, 잘, 생산적으로 하게 하는 것은 무엇이든지 제공해야

한다. 자원이 부족하다면 그들이 최선을 다할 것이라고 기대할 수 없다. 함께 일하는 동료들에게 말하고, 다른 조직에 있는 친구에게 불평할 것이다. 부당한 대우를 받고 있다고 생각하고 분노할 것이며, 열심히 일하려고 하지 않을 것이다. 결과적으로 당신은 실패하게 될 것이다. 그러니 가능한 한 그들에게 최상의 자원을 제공하라.

팀을 위해 최상의 자원을 제공해야 한다. 그럴 수 없다면, 당신도 더 큰 영예를 위한 기회를 가질 수 없다. 부디 팀에게 가장 좋은, 최상의 자원을 주고 알아서 사용하게끔 하라.

017

축하하라

> 사람들이 즐거운 마음으로 일터에 나올 수 있다면, 실수를 두려워하지 않고
> 재미를 느낀다면, 리포트나 회의 준비를 하는 것이 아니라 어떤 일에 집중할
> 수 있다면, 어딘가에 리더가 있는 것이다.
> — 로버트 타운젠트 Robert Townsend

나는 매일 작은 것이라도 직원들에게 포상할 구실을 찾는다. 그리고 아무리 작고 하찮아 보이는 일이라도 축하한다. 당신도 그렇게 한다면 직원들에게 동기를 부여할 수 있을 것이다. 이것은 매우 중요한 일이다.

포상 내용은? 별 것 아니다. 도넛 한 상자, 카푸치노 위의 휘핑크림. 밖에 나가서 햇볕 아래 앉아 있을 수 있는 시간.

때때로 나는 어떤 성과를 달성했기 때문에 오늘은 특별한 날이라고 선언하고, 직원들에게 점심을 사주거나 휴식을 주곤 한다.

그리고 가끔은 어떤 목표를 달성하는 데 실패했기 때문에 특별한 날이라고 선언하기도 한다. 나는 실수나 실패, 사고에 대해서도 보상한

다. 그들은 열심히 일했고 최선을 다했기 때문이다. 보상을 아낄 이유가 없지 않은가? 실패했다는 것이 열심히 일하지 않았다는 것을 의미하지는 않는다. 그래서 나는 그들의 노력, 결정, 팀워크, 정직한 노동에 대해 보상한다.

큰 성공만 축하할 필요는 없다. 작고 사소한 것이라도 모두 축하하라. 커피 한 잔, 도넛 한 상자라도 사 줄 구실을 찾아라. 비용은 얼마 안 들지만 비용 이상의 따뜻한 느낌을 줄 것이다.

보상을 아낄 이유가 없지 않은가? 실패했다는 것이 열심히 일하지 않았다는 것을 의미하지는 않는다.

018

행하고 말한 모든 것을
기록하라

당신의 생각을 살펴라. 말이 될 것이다.
당신의 말을 살펴라. 행동이 될 것이다.
당신의 행동을 살펴라. 습관이 될 것이다.
당신의 습관을 살펴라. 성격이 될 것이다.
당신의 성격을 살펴라. 당신의 운명이 될 것이다.
— 프랭크 아웃로우Frank Outlaw

쓸모가 없다면, 왜 지금 이것을 하길 원하는가? 훌륭한 관리자일수록, 더 많은 정보를 기록할 필요가 있다. 이렇게 해야 하는 이유는 두 가지이다.

첫째는 일관성이다. 때때로 확인해야 하기 때문에 모든 것을 기록해야 한다. '전에는 어떻게 했더라' 하는 질문이 끊임없이 생길 것이다. 팀원들은 당신의 일관성을 필요로 하며, 만약 전에 이렇게 했는지 기억하지 못하면 일관성을 갖기가 힘들다. 지난번 짐이 큰 계약을 성사시켰을 때는 훌륭한 점심을 사주고, 비슷한 계약을 따낸 테리에게는 커피와 베이글을 사줬다면 테리는 의욕을 상실하고 열심히 일하지 않을 것이다. 기록하고 확인하라.

둘째는 증거다. 훌륭한 관리자가 되면, 질투하고 시샘하고 불신하는 사람들에게 자신을 공개해야 할지도 모른다. 모든 사람이 당신처럼 솔직하지는 않다. 당신 팀은 110퍼센트를 달성한 반면, 다른 팀이 관리자의 자질 문제로 60퍼센트밖에 해내지 못했을 때, 그들은 부족한 자신들의 능력에 대해서는 생각하지 않고 당신의 비리를 찾으려 할 것이다. 그럴 경우 기록은 유용한 증거자료로 쓰인다.

결정 사항은 모두 메모하고 보관해야 한다. 모든 기록을 보관하라. 전자 메일 역시 모두 저장해야 한다.

019

갈등에 민감하라

나는 보안을 맡고 있어요. 누구도 이 일을 원하지 않지요.
— 범퍼 스티커

팀을 운용하다 보면 사람들을 다루어야 한다. 그리고 그들은 때때로 서로의 비위를 건드리려고 한다. 왜 그러는지는 모르지만 종종 그런 일이 생긴다. 다른 사람의 구역을 침범하기도 하고, 과자를 훔쳐 먹기도 하며, 주차 공간을 뺏기도 한다. 계속 그 상황을 지켜볼 것인가. 이런 일은 미연에 방지해야만 한다. 이런 마찰이 일어나기 전 알아채고 뭔가 조치를 취해야 한다. 조치가 필요한 시점으로부터 하루 이상이 지나면, 아무 의미가 없게 된다. 이 일을 하는 데 있어 빈틈없이 능숙해야 한다.

갈등 신호를 알아채기 위해서는 팀에 대해 잘 알아야 한다. 미연에 방지하지 못하면 이런 갈등은 눈덩이처럼 불어날 것이다. 사소한 일에서 엄청난 규모의 전쟁으로 변질되고 팀은 분열된다.

무엇을 주의해야 하는가? 말을 해야만 할 때의 침묵, 말도 안 되는 불평, 투덜거림과 선정적인 가십, 불필요하고 격렬한 경쟁, 사람들을 가리고 막아 버리는 책이나 컴퓨터. 소외되는 사람들.

당신은 이미 이런 것에 대해 잘 알고 주의를 집중하고 있을 것이다. 중요한 것은 사태가 더 나빠지기 전에 중단시켜야 한다는 것이다. 여기서 당신은 외교관, 부모, 중재자가 되어야 한다. 한쪽 편을 드는 것처럼 보여서는 안 된다. 확고하고 단호한 행동을 취해서 다툼이 용인될 수 없다는 것을 보여줘야 한다. 그들을 불러서 알아듣게 이야기하라. 그들을 떨어뜨려 놓아라. 서로 파트너가 되어 일하게 하라. 이 밖에도 당신이 할 수 있는 일은 많다. 현명한 관리자는 적시에 적합한 방법을 사용할 줄 아는 사람이다.

020

좋은 분위기를 조성하라

작고 사소한 호의가 깊은 감동을 줄 수 있다.
— 헨리 클레이Henry Clay, 19세기 미국 정치인

좋은 분위기를 조성하는 일은 쉽지 않지만 반드시 필요한 일이다. 직원이 시무룩하고 의기소침해 있거나 우울하다면 그것은 고객과 동료들을 대하는 태도, 당신과 함께 일하는 태도 등에서 드러나게 되어 있다.

아침 인사를 하는 일은 어렵지 않다. 모닝커피나 차를 마셨냐고 묻는 일도 전혀 번거롭지 않다. "오늘 기분 어때요"라고 묻는 일은 1, 2초면 충분하다. 어느 직장에서나 다음의 3가지 규칙이 중요하다.

• 공손함
• 친밀감

- 친절

직원들에게 소리치고 무례하며 호전적인 상사들은 멸종된 공룡처럼 위기에 처할 것이며, 그런 상황에서는 누구나 좀더 좋은 일자리로 옮기고 싶어 한다. 사람들은 다음과 같은 대접을 받을 자격이 있다.

- 존중
- 교양 있는 태도
- 위엄

직원들에게 그것을 주지 못한다면 관리자가 될 수 없다. 하지만 나는 당신이 할 수 있을 것이라고 확신한다. 좋은 분위기를 형성하는 일은 쉽다. 신중하고 공손하며 도움을 주는 것이 당신 일이고 책임이다. 직원은 가장 중요한 자원 가운데 하나이며, 도구이고, 목표 달성을 위한 무기이다. 그들 없이 당신은 아무것도 아니다. 그들과 함께 일할 때 당신 팀이 존재하는 것이다. 그들과 그들의 삶에 진정으로 관심을 가지라. 시간이 없다면, 시간을 만들라.

그들 없이 당신은 아무것도 아니다. 그들과 함께 일할 때 당신 팀이 존재하는 것이다.

021

충성심과 팀 정신을 고무하라

당신은 언제나 일해야 하는 이유를 찾을 수 있다. 우리는 언제나 할 일이 하나
이상 있기 마련이다. 하지만 전혀 쉴 시간이 주어지지 않는다면, 사람들은
생산적으로 일할 수 없다. 그들은 불행하다고 느낄 것이고, 주위 사람들 모두
근로 의욕이 저하될 것이다.

— 카리사 비안키Carisa Bianch, 전략담당임원

우리는 종종 가족보다 함께 일하는 동료직원을 더 많이 보며 생활한다.
그들 역시 가족보다 당신을 더 자주 본다. 그들과 서로 사랑할 필요까
지는 없지만 한 가족이 되어야 한다. 그러기 위해서 가장 좋은 방법은
충성심을 고무시키고 팀 정신을 만드는 것이다. 관리자로서, 당신은 한
가족의 가장 노릇을 해야 한다.

존경과 신뢰를 받아야 하고 그들이 의존할 수 있게 해야 한다. 이 모
든 것을 할 수 있을까? 물론이다.

당신이 해야 하는 일은 다음과 같다.

- 보상하라.

- 칭찬하라.

- 친절하라.

- 신뢰하라.

- 고무하라.

- 이끌어라.

- 동기를 부여하고 자극하라.

- 성장시켜라.

- 진심으로 관심을 가지라.

이것은 말하기는 쉬워도 실천하기가 만만치 않고, 당신은 '그래, 그래, 나는 하고 있어' 하면서 대강 건너뛰고 싶을 것이다. 이제 다시 한 번 살펴보고 정말로 모든 것을 행하고 있는지 생각해 보라. 정말로 그것을 하고 있는가? 더 잘할 수 있을까? 자신이 하고 있다고 생각하는 것과 실제 그 일을 하는 것 사이에는 큰 차이가 있다. 정직한 충고와 피드백을 해 줄 사람을 찾아보라. 팀원 중 하나이면 좋겠지만, 아니더라도 당신 팀을 지켜보는 사람을 찾아라. 그들이 뭐라고 하는가?

022

팀을 위해 노력하라

매우 어려운 일이기 때문에 모두 하나의 팀이 되어 일해야 한다. 그리고 그건
당신이 내가 말하는 모든 일을 해야 함을 의미한다.
—마이클 케인Michael Caine, 영화 〈이탈리안 잡The Italian Job〉 중에서

팀원들에게 행복과 만족을 주기 위해서 더 많은 자원과 임금, 크고 좋
은 사무실, 훌륭한 설비 등을 제공할 수 있도록 노력해야 한다. 이를 위
해 상사에게 당신 팀이 최고이며 최고 대우를 받을 충분한 자격이 있다
고 이야기하고 그에 합당한 요구를 해야 한다. 그러기 위해서는 먼저
충분한 자신감이 필요하다.

　만족할 만한 성과를 거두기 위해서는 훌륭한 팀이 필요하다. 그런데
대부분의 관리자들은 팀이 훌륭하고 최고의 대우를 받아야 한다고 생
각하지 않아서가 아니라, 그런 것을 요구할 만한 자신감이 없기 때문에
팀을 위해 노력하지 않는다. 그들은 자신의 주장을 정당화할 수 없을까

봐 두려워한다.

먼저 팀을 만들고 주장에 대한 확실한 근거를 확립하면 더 크고 좋은 것을 요구할 수 있다.

당신이 요구한 것을 얻지 못해도 속상해하지 말고 그저 물어보라. "그것을 얻기 위해서 무엇을 하면 되겠습니까?" 그들이 "생산성을 10 퍼센트 올리라"고 하면 그렇게 하라. 당신이 할 수 있는 것은 그들이 원하는 성과를 거두고 당신이 원하는 것을 얻는 일이다. 팀을 위해 노력하면 팀은 스스로 노력한다.

023

직원에 대한 믿음을 보여주라

때로는 신뢰받지 못하는 것보다 속는 편이 낫다.
—사무엘 존슨Samuel Johnson

컴퓨터를 가지고 있는가? 컴퓨터는 때때로 에러가 나서 작동하지 않기도 한다. 이것은 당연하다. 자동차 역시 때로 고장이 난다 — 고작 타이어 펑크일지라도. 이 역시 당연하다. 그렇다고 컴퓨터를 뚫어지게 쳐다보면서 당신을 실망시키지 않기를 바라거나, 고장의 신호라도 보이지는 않을까 자동차를 지키고 서 있지는 않을 것이다. 직원들도 마찬가지이다. 직원들 역시 때때로 고장이 나거나 에러가 발생힐 수 있다. 그러므로 그들의 한계를 받아들이고 RULE 10과 RULE 11을 기억하라. 그리고 우리가 사람이 아닌 업무수행 절차를 관리하는 것이라는 사실을 기억하라.

직원을 믿을 수 있다면 반드시 그 믿음을 보여줘야 한다. 신뢰하는 것만큼이나 신뢰하고 있음을 표현하는 것도 중요하다. 그들이 알아서 업무를 볼 수 있게 해 주는 것도 엄청난 믿음의 표현이다.

그들을 괴롭히지 않고 자율적으로 일할 수 있게 해 줌으로써 믿음을 보여준다. 그들을 계속 지켜보고 실시간으로 확인하면서 작은 움직임 하나하나에 민감하게 반응하는 일을 멈추라. 마음을 편안하게 가지고 지켜보라. 당신은 하루에 한 번, 혹은 일주일에 한 번 업무 진행 상황을 보고받을 수 있으며, 어떤 문제든지 상의하라고 그들을 격려할 수 있다. 그들을 신뢰하고 있으며, 필요할 때는 언제든지 도울 준비가 되어 있음을 확신하게 해 주라.

"그렇지만 그들을 믿을 수 없으면 어떻게 합니까? 그들이 게으르고 아무 쓸모 없고 무능력하다는 것을 알고 있는데도요?" 당신은 이런 말을 할 수도 있다. 하지만 누구의 팀인가? 누가 그들을 고용하고 훈련시켰는가?

쉽지 않겠지만 현실을 직시할 필요가 있다. 만약 직원을 믿을 수 없다면 당신의 경영 능력을 다시 한 번 살펴보라. 훌륭한 관리자는 그들을 잘 따르는 훌륭한 팀을 가지고 있다. 팀에 결함이 있다면 리더십에 문제가 있을지도 모른다. 팀이 옳다면, 그들을 신뢰해야 한다. 그들을 정말 믿을 수 없다면 그때는 변화가 필요하다.

024

개인의 차이를 존중하라

다양성의 가치를 인정하고 개인의 특성에 대해 바르게 인식하는 문화를 세우기
위해 노력한다.
— 프린스 에드워드 스쿨의 교훈

난 여러 명의 자녀를 두고 있다. 나는 그들이 하나의 팀처럼 살아가길
바란다. 하지만 내가 아무리 동등하게 대하고 같은 규율을 적용해도,
그들은 제각각 완전히 다르다는 것을 알고 있다. 나는 그들의 반항을
겪게 되고 혼란에 빠질 것이다. 한 아이는 전혀 서두르지 않는다. 그 아
이는 아무리 밀어붙여도 신발을 땅에 붙인 채 꼼짝도 하지 않는다. 미
끼를 던져서 유혹해야만 조금 빠르게 움직인다. 이와 반대로, 조금 천
천히 행동했으면 하고 바라는 아들 녀석도 있다. 나는 그들의 개인적
특성(차이)을 존중해야 할 것이다.

 팀도 마찬가지이다. 어떤 사람은 빠르게 행동하는 반면 그렇지 않은

사람도 있게 마련이다. 어떤 사람은 좀 느긋해질 필요가 있고 또 다른 사람은 속도를 내야 할 필요가 있다. 기술에 능한 사람도 있지만 그렇지 못한 사람도 있다. RULE 2에서 밸빈이 무슨 말을 했는지 살펴보고, 팀 내의 모든 사람에게 얼마나 다른 것들이 요구되는지를 보라. 그리고 그런 차이가 팀을 더욱 훌륭하게 만든다.

아이들과 있을 때 어떤 일을 빨리 하기 위해서는 누가 필요한지 잘 안다. 좀더 신중하고 꼼꼼한 작업을 해야 할 때는 또 다른 아이를 선택한다.

그러나 그들이 다르다는 이유로 모든 것을 허용해 줄 필요는 없다. 훈련 규칙을 적절히 지켜라. 그렇지 않다면 개인의 차이를 인정하고, 업무를 분배하고 지시하는 데 걸림돌이 될 것이다. 우리는 모두 다르고, 그런 차이들이 팀이 함께 효율적으로 일할 수 있게 해 준다.

영업 팀을 관리한다고 하자. 대부분의 팀원들이 맵시 있게 옷을 차려 입고 능숙하게 영업 활동을 펼치는 반면, 어떤 사람은 편한 복장을 좋아하고 고객들과 잡담하는 것을 즐기더라도 그 사람을 나무라지 말라. 끝까지 지켜보고 성과에 따라 판단하라. 그가 목표도 달성하고 고객들의 사랑까지 받는다면, 그것은 바로 차이가 가져온 성공이다.

025

다른 사람들의 아이디어를 들어라

사람들이 이야기할 때 주의 깊게 들어라. 대부분의 사람들은 거의 듣질 않는다.
—어니스트 헤밍웨이Ernest Hemingway

만약 당신이 모든 것을 알고 있다고 생각하면, 자신의 생각을 읽는 데 바빠서 다른 사람의 말을 들을 시간이 없을 것이다. 낮은 직급의 사람일지라도 당신에게 하고 싶은 말이 있다. 엘리베이터 걸, 주차요원, 구내식당 직원들에게 무슨 말이라도 건네라. 중요한 것은 사람의 말을 경청하는 것이다. 그들은 실무자이고 업무의 최전방에 있기 때문에 훌륭한 아이디어를 가지고 있을 것이다. 그들과 이야기를 나누고 그들의 피드백, 아이디어 그리고 창의성을 발견하라.

그들의 이야기를 들을지라도 책임은 당신에게 있다는 점을 명심하고 신중해야 한다. 다른 사람의 말을 듣는다는 것이 그 말대로 움직인다는 것을 의미하는 것은 아니다. 그들이 제안했다고 반드시 수행해야 한다는 생각은 버려라. 그들의 말을 듣고 당신의 것으로 소화하라. 들은 내용과 경험과 생각을 바탕으로 결정하라. 듣고 난 후 그들의 의견을 반영하지 않는다면, 그들은 낙담하고 실망할 것이다. '상사에게 아이디어를 말하는 것은 아무 소용 없어. 어차피 내 의견을 반영하지도 않는 걸.'

그들의 아이디어가 어떤 결정을 내리는 데 반드시 반영되지는 않을 것이라는 사실을 주지시키면서 이야기를 들어야 한다. 그래야 나중에 다른 내용의 결과가 나와도, 실망하지 않을 것이다. 하지만 그들의 아이디어가 전략에 포함되었다는 것을 알게 해야 한다.

대부분 팀에서 모든 팀원들은 관리자에게 수많은 의견을 제시하고 그 의견은 유용하게 쓰인다. 좋은 질문을 하고 편견 없이 그들의 말을 듣는다면, 훌륭한 관리자가 될 것이다.

026

팀원에 따라 스타일을 바꿔라

당신은 특별하다. 당신은 조직이 필요로 하는 것을 검토하고 리더가 당신을
고용하도록 하는 구체적인 기술을 가지고 있다. 또한 다른 사람들과 잘
융합해서 일하는 능력도 가지고 있다. 어떤 목표를 달성하고 조직과 그
구성원의 필요를 만족시킨다면, 성공적이다.
―스티븐 라페 Stephen C. Rafe, 라포르 커뮤니케이션즈 대표

당신 스타일을 팀에 적응시킨다는 것이 카멜레온이 되라는 의미는 아
니다. 이것은 당신이 팀원 각 개인에 대해, 그들과 일하는 것에 있어 민
감하고 섬세해야 한다는 말이다. 공개적으로 칭찬받는 것을 좋아하는
외향적인 팀원이 있는 반면, 개인적으로 이야기하는 것을 좋아하고 남
들 앞에서 칭찬받으면 어쩔 줄 몰라 하는 내성적인 팀원들도 있다. 그
릴 때는 그에 맞게 스타일을 바꿔야 한다.

팀원 중에는 본인의 일을 매우 훌륭하게 수행하지만 평가받는 것을
몹시 싫어하는 사람이 있다. 그녀는 자신에 대해 말하는 것을 싫어했고
그건 거의 공포에 가까웠다. 내가 무슨 말을 하려 하면 그녀는 거의 경

기를 일으킬 정도였기 때문에, 그녀의 스타일에 맞춰 6개월에 한 번 정도만 업무 평가를 해야만 했다. 또 다른 팀원은 매일 아침 힘차게 인사하며 "저 잘하고 있나요" 하고 묻곤 했다. 그는 자신에 대해 말하는 것을 좋아하고, 매일 평가받을 수 있다면 정말 행복해했을 것이다. 두 직원은 모두 자신의 일을 잘 하지만, 전혀 다른 방식으로 다루어야 한다. 나는 그들이 계속 일해 주길 원했고, 최상의 결과를 얻기 위해 각기 다른 방식으로 대했다. 개별적으로 생각하라. 그들이 무엇을 필요로 하고, 무엇이 동기유발을 하는지 생각하고, 이에 따라 관리 스타일을 바꿔라.

027

그들이 당신보다 더 많이
알고 있다고 생각하게 하라

물론 나는 그다지 바빠 보이지 않을 것이다. 하지만 그것은 내가 일을 바로
적절하게 처리하기 때문이다.
— 범퍼 스티커

매우 간단한 일이지만 많은 관리자들은 이를 매우 실천하기 힘든 법칙
이라고 입을 모은다. 왜 그럴까? 이것은 사람들을 매우 특별하고 중요
하다는 느낌을 갖게 한다. 당신이 직원에게 해야 할 말은 "당신은 이걸
알고 있을 겁니다. 어떻게 생각합니까?" 뿐이다. 이 법칙의 중요한 핵심
은 다음과 같다.

- 의견을 물어라.
- 아이디어와 관점을 들어라.
- 더 많은 책임을 부여하라. 그들이 대처하는 모습에 놀랄 것이다.

- 중요한 이슈와 뉴스에 대해 그들과 함께 의논하라.
- 피드백을 하면서 늘 격려하라.
- 단순한 근로자라는 이유로 해고하지 말라.

어떤 실무적인 주제에 대해 당신이 그들보다 더 많이 알고 있어도 위의 법칙을 계속 행하라. 그들은 매우 좋아할 것이고 좋은 결과를 낼 것이다. 그들은 당신과의 대화에서 배우고 당신 역시 마찬가지다.

동시에 그들에게 사업의 진행과정 전체를 보여줌으로써 한쪽에 치우치지 않도록 해야 한다. 전체 업무에 있어 그들이 하는 일이 중요하다는 것을 알게 하고, 그들이 하는 일이 얼마나 유용하고 가치 있는지 보여주라. 중요한 고객에게 보여주듯이 그들에게도 그렇게 하라. 그들에게 사업의 중요한 내용을 알게 하라.

일이 어떻게 돌아가고 있는지를 주지시켜라. 산업 뉴스레터나 매거진, 기술 잡지나 신문 등을 구독할 수도 있을 것이다. 이런 행동을 통해 당신은 그들을 격려하고 계속해서 배우려는 의지를 가지게 할 수 있다.

> 그들이 하는 일이 얼마나 유용하고 가치 있는지 보여주라. 그들에게
> 사업의 중요한 내용을 알게 하라.

028

항상 결정적 발언을
할 필요는 없다

사람마다 듣기는 속히 하고, 말하기는 더디 하며, 성내기도 더디 하라.
— 야고보서 1장 19절

당신은 관리자이긴 하지만, 그렇다고 해서 항상 결정적 발언을 할 필
요는 없다. 이것은 놀이터에서 노는 어린아이들과는 다르다.

팀 내의 사람들이 공개적으로 당신 의견에 반대한다면, 거기에는 두
가지 이유가 있을 수 있다. 논쟁에 있어 충분히 자신이 있거나(이 경우
당신은 감사해야 한다), 규칙을 위반하고 있는 것이다. 뭔가 잘못되어
가고 있다는 사인일 수도 있고 잘 되어가고 있다는 사인일 수도 있다.
이것은 당신만이 판단할 수 있다.

만약 그들이 규칙을 어겨서 징계를 내려야 하는 상황이 생긴다면, 비
공식적으로 해결해야 한다. 무엇보다 직원들이 성인이라는 점을 명심

하라. 그들에게 스스로 깨달을 여지를 주어야 한다. 그러자면 때로 서로 논쟁하고 의견이 엇갈릴 수도 있다.

항상 옳고 결정적인 발언을 한다거나, 직원들의 소소한 잘못까지 바로잡아 주는 일이 꼭 득이 되지는 않는다. 가끔은 그들이 옳든 그르든 내버려 두는 것이 최선일 수 있다. 항상 결정적 발언을 해야 할 만큼 중요한 문제인지 아닌지를 먼저 판단하라.

029

다른 사람들의 역할을
이해하라

문제는 직원들에게 사업 전반적인 내용에 대해 교육하지 않는다는 데 있다.
사업 전반적인 내용이란 다른 사람들이 하는 일과 그들의 전문지식
그리고 다른 직원들과의 업무 연관성 등을 말한다.

— 로버트 바캘Robert Bacal

홀륭한 관리자가 되기 위해서는 내 일뿐 아니라 다른 사람의 일까지 잘
해야 한다고 믿었다. 더 잘하지는 않아도 그들만큼은 해야 한다고 생각
했다. 만약 비상사태가 생겨도 내가 구멍을 메우고 그들의 업무를 대행
하면 모든 것이 안정될 수 있을 것이라고 이해하고 있었다. 당신도 그
랬으리라 생각한다. 하지만 만약 내가 그들의 업무를 대행하면, 내 일
은 누가 하는가? 답은 '아무도 없다' 이다.

실제적으로 일을 하는 데 필요한 노력이나 비용 등은 알고 있어야 하
지만, 모든 일을 할 수 있는 능력까지는 필요없다는 것이다. 당신은 위
기 상황에 대비한 보충 인원 등을 확보할 필요는 있지만, 그것이 당신

이어서는 안 된다. 당신은 당신의 자리에 있는 편이 낫다. 역할을 이해하기 위한 가장 좋은 방법은 그 역할이 무슨 문제를 해결하고 어떤 식으로 일하는지를 아는 것이다. 당신이 팀원만큼 그 일을 잘할 필요는 없다.

그리고 가끔은 당신이 잘 알지 못하는 분야에 관해 전문 지식을 가지고 있는 사람을 고용할 수도 있다. 원자력 발전소의 관리자가 플루토늄의 저장기간 계산법을 반드시 알아야 하는 것은 아니다. 하지만 그 일을 할 수 있는 사람을 고용할 수는 있어야 한다.

다른 사람들이 어떤 일을 하는지를 이해하는 것은 팀 운영에 매우 중요하다. 이것은 팀 동력과 충성심을 유발시킨다.

하지만 만약 내가 그들의 업무를 대행하면, 내 일은 누가 하는가? 답은 '아무도 없다' 이다.

030

그들에게 무엇을 바라는지를
확실하게 알려주라

정말 간단하게 들린다. 당신이 그들에게 바라는 것을 말하면 그들은 알아서
일을 한다. 안타깝게도 많은 사람들은 리더가 요구하는 것이 무엇인지도 모른 채 일한다.
그들은 연설을 들으며, 무엇이 자신과 관련된 부분인가를 궁금해한다.
— 크리스 에드겔로우Chris Edgelow, 선댄스 컨설팅

어떤 사람에게 업무에 대한 설명서와 계약서를 주고, 함께 일하기로
하는 것은 쉽다. 문제는 이것이 사람을 혼란스럽게 만들고 시간을 낭비
하게 한다는 것이다. 이보다는 그들에게 바라는 것을 직접적으로 이야
기해 주는 편이 낫다.

그들에게 바라는 것은 무엇인가? 업무 그 자체보다는 훨씬 많을 것이
다. 당신은 모든 개인의 역할에 대해 생각하고 그 사람에게 기대하는
바가 무엇인지 정확하게 파악해야 한다.

사람들에게 자신이 회사의 전략에서 어떤 부분을 수행하고 있으며,
결과적으로 요구되는 것이 무엇인지를 이해시키는 것은 꼭 필요한 일

이다. 팀원은 자신이 속한 팀과 동료의 가치와 기준 그리고 그들에게 요구되는 태도와 행동을 알아야 한다.

신입에게는 경험 많은 직원으로부터 요령과 지식을 전해 받을 수 있는 프로그램이 있다면 매우 유용할 것이다.

당신은 모든 개인의 역할에 대해 생각하고 그 사람에게 기대하는 바가 정확하게 무엇인지 파악해야 한다.

031

긍정적인 강화 자극을
사용하라

왜 관리자가 바뀌어야 하는가? 그가 옳은 방식으로 관리한다면, 결과는 좋을 것이다.
사람들은 조직의 목표 달성에 기여하기 위한 선택을 한다.
— 래리 존스Larry Jones

직원이 잘하고 있다면 그들에게 말하라. 여러 차례 반복해서 말하라. 그들이 간직할 수 있게 메모를 써주라. 회사 사보에 쓰고 기록으로 남겨라. 그들의 성과를 알리는 여러 가지 일을 행하라. 이것은 팀원을 칭찬하고 동기를 유발하는 빠르고 저렴한 방법이며, 모든 직원들은 당신이 항상 감독하며 칭찬하고 있다는 것을 알 수 있다.

  칭찬은 간단하게 하라. 만약 그들이 일 때문에 밤늦게까지 일하고 있다면 "늦게까지 일해 줘서 고마워요. 당신이 아니었으면 그 일을 끝내지 못했을 거예요. 어려운 상황인데 당신 덕분에 우리 모두 일을 수월하게 처리할 수 있었어요. 고맙습니다"라고 말하라. "7일 저녁 당신은 연장근무를 해 줬고 어쩌고저쩌고…" 하는 편보다 훨씬 쉽다.

그저 고맙다고 말하기보다는 왜 그들에게 고마워하는지에 ― 당신 덕분에 내 일이 훨씬 수월해졌어요 ― 대해 알려주라.

'관리'라는 말보다는 '나'와 '우리'라는 말을 사용하라. "관리자 입장에서 당신에게 감사 표현을 하고 싶습니다"보다는 "우리는 당신에게 정말 고마워하고 있습니다"라고 말하라.

칭찬은 그 일이 끝나자마자 하라. 적어도 바로 다음날에는 해야 한다. 만약 매주 연장근무를 한다면, 그것은 일상적인 업무이다. 일상적인 업무를 진행하는 것에 일일히 칭찬할 필요는 없다. 여기서는 비일상적이고, 특별한 것을 이야기하고 있는 것이다.

이런 식으로 그들의 긍정적 행동에 대한 반응을 강화한다면, 그들은 계속 긍정적인 행동을 한다. 반면 당신이 알아차리지 못하고 칭찬하지 않는다면, 팀원들은 최선을 다하려고 하지 않을 것이다. 누가 그들을 비난할 수 있겠는가?

032

잘못된 시스템을
정당화하지 마라

팀에게 그들이 신뢰하지 않는 방식을 강요하는 것은 실패로 가는 지름길이다.
—루크 호만Luke Hohmann

일전에 철도 여행을 하다가 문제가 발생한 적이 있다. 굉장히 간단한 문제였다. 누군가가 주행중에 비상구를 건드려서 경보가 울린 것이다. 때문에 열차가 멈추었다. 아주 긴 터널 속에서 일어난 사고였다. 열차는 관리자가 와서 문제를 해결할 때까지 움직일 수 없었다.

나는 그 사고로 열차에 문제가 생겼을 때 효율적으로 상황을 처리할 수 있는 더 나은 시스템은 없을까 생각했고, '간이식당 식원이 경보를 살펴볼 수 있도록 하는 것이 어떨까' 하고 열차의 관리자에게 건의했다. 그러나 열차의 관리자는 왜 기존의 시스템이, 나같이 힘없는 승객만 빼고, 자신과 간이식당 직원을 포함한 모든 사람에게 가장 좋은지를 설명하는 데 20여 분을 할애했다. "그렇군요. 기존의 방식은 참 비효율적인 것 같습니다. 개선될 수 있도록 회사에 건의해 보겠습니다. 당신의 조언에 감사드립니다"라고 말했다면 훨씬 좋았을 텐데 말이다.

당신 조직에도 무익한 시스템이 많을 것이다. 그것을 정당화하려 하지 마라. 바꿀 수 없다면 참고 넘어가되, 이 시스템이 훌륭하다고 직원을 속이지는 마라. 그들이 진실을 알고 나면 당신에 대한 존경심을 잃을지 모른다.

회사의 나쁜 점에 대해 슬퍼하고 비통해하라는 이야기가 아니다. 당신이 훌륭하게 말할 수 없다고 해서 아예 아무 말도 하지 않는 것이 최선은 아니다. 그저 잘못된 것을 알면서도 정당화하려고 하지 말라는 것이다.

033

"예"라고 말할 준비를 하라

> 실리콘 밸리는 '천재' 사업모델을 개발했다.
> 당신은 천재를 발견하고 그에 대한 사업을 구상했다.
> —고든 벨, 하이디 메이슨 Gordon Bell, Heidi Mason

훌륭한 관리자는 항상 새로운 것을 시도하며, 오래된 방식을 고집하지 않는다. "아니, 우리는 그렇게는 하지 않아"라고 말하는 대신에 "그거 흥미로운 아이디어인데. 저렇게 하는 것에 대해 어떻게 생각해"라고 말하는 것이다.

당신은 자신만이 아니라 사람들이 새로운 아이디어를 고안해 낼 수 있도록 격려해야 한다. 아이디어를 얻으려고 시도하라. 매주 새로운 아이디어를 찾는 연습을 해 보라. "우리는 모닝커피와 함께 먹을 다양한 종류의 비스킷을 원해요"와 같이 매우 간단하거나, "영업과 분배에 있어서 완전히 새로운 접근이 필요해요"와 같이 근본적인 문제에도 접근

할 수 있다.

사소한 아이디어부터 근본적인 아이디어로 가는 것이 변화에 좀더 능숙하게 대처할 수 있을 것이다. 천천히 진행하라.

당신이 새로운 아이디어를 소개하는 속도에 맞춰 팀원이 빠르게 업무처리를 할 수 있도록 해야 한다. 모든 사람이 매주 새로운 아이디어를 내면, 연말쯤에는 엄청난 아이디어가 모일 수 있다. '나는 저 일을 더 빨리 할 수 있을 것이다. 만약 내가…', '저 아이디어를 내 업무에 적용시키면…', '아마 그들은 이 아이디어에 흥미를 가지겠지. 왜냐면 이 아이디어는 업무 속도를 빠르게 해 줄 수 있으니까…' 등등.

모든 팀원을 테두리 안으로 끌어들이는 것이 무엇보다 중요하다. 처음에는 모두 변화에 저항할 것이다. 그러나 당신이 열정을 간직한다면, 모두 감염되고 중독될 것이다. 나를 믿어라. 이미 당신은 충분히 하고 있겠지만, 일정 부분은 위임할 필요도 있다. 그래야 경영을 할 시간을 벌게 된다.

혁신을 격려하라. 좋은 아이디어에 대해 보상하라. 아이디어가 인정받고 존중받는 문화를 만들라.

034

문제가 아닌 해결책을
가져오게 하라

> 나에게 문제가 아닌 해결책을 가져오세요.
> —마가렛 대처Margaret Thatcher, 전 영국 수상(1979~1990)

직원들이 불평하고 불만을 털어놓는 것은 쉽다. 이것은 습관이 된다. 그러므로 직원들이 불평불만만 말하게 해서는 안 된다. 불평은 하게 하되, 문제를 이야기할 때는 반드시 해결책을 제안하게 하라. 무언가에 문제가 있다는 주장은 항상 "그러면 내가 어떻게 해 주기를 바랍니까"라는 질문과 만나야 한다. 만약 그들이 불평을 한다면, 만나서 이렇게 물어보라. "당신은 어떻게 해야 한다고 생각합니까?"

　나와 함께 일한 최고의 관리자는 이 이상이었는데 그는 우리로 하여금 먼저 해결책을 말하게 했다. 그리고 '문제'가 무엇인지 추측했다. 이는 일종의 게임 같았지만 우리들로 하여금 먼저 생각하고 불평할 수 있게 했다.

　나는 경비 직원들과 사소한 문제가 있었다. 나는 그들이 CCTV를 보지도 않고 데이터를 지워버린다고 생각했던 것이다. 문제가 생기면 내가 책임을 져야 했기 때문에, 이것은 곧 나의 문제였다. 그들에게 좀더 신중히 봐달라고 말할 필요가 있었지만, 이 문제에 대한 어떤 해결책도 떠오르지 않았다. 하지만 무턱대고 상사에게 그들의 근무태만에 대해 불평할 수는 없었다. 나는 먼저 해결 방안을 강구했고 스스로 해결해야 했다.

　먼저 경비 직원들로 하여금 CCTV를 신중히 볼 가치가 있다는 생각을 하게 해야 했다. 나는 그들에게 어떤 직원이 회사 어딘가에서 애정행각을 벌이다가 CCTV에 찍혔지만, 어떤 카메라인지는 알 수 없고 언제고 또 그런 일이 일어날지도 모른다고 말했다. 카메라는 주차장, 사무실, 복도와 저장 창고, 지하실 등 여러 곳에 있기 때문이다. 결과적으로 그들은 목숨을 걸고 CCTV를 지켜보기 시작했다. 이 일이 잘되어 가고 있다고 느낀 상사는 매우 기뻐했고 나를 격려했다.

　그들이 CCTV를 뚫어지게 쳐다봐도 어떤 음란한 내용도 볼 수 없다는 것을 깨닫게 되면, 나는 또 다른 해결 방안을 찾아봐야 할 것이다. 하지만 그때까지는 꽤 오랜 시간이 걸릴 것이다.

PART 2

·
·
·

스스로를 관리하라

THE RULES OF MANAGEMENT

가장 큰 위험은 시대에 뒤지는 것, 내부 업무와 시스템에만 신경 쓰다가 바깥 세상에
뒤쳐지는 것이다. 이것은 모든 사람들이 효율만을 고집할 때 발생할 수 있다.

—앤토니 제이 경 Sir Antony Jay

이것은 팀을 경영하는 기본 규칙이다. 대부분의 관리자는 경영할 팀이 있다. 그러나 모든 관리자는 그들 스스로 경영하지 않는다. 2부의 규칙은 당신이 효율적이고 효과적인 관리자가 될 수 있도록 도와줄 것이다.

관리자는 한 번에 두 가지 일을 해야 하므로 무척 힘들다. 자신의 일도 하고, 다른 팀원들의 업무 수행도 지켜봐야 한다. 조직 규모가 커질수록, 관리자 개인의 업무와는 멀어지게 된다. 누구도 우리에게 새로운 업무에 대해 가르쳐 주려고 애쓰지 않는다. 물론 관리자가 되기 위한 단기 코스를 밟긴 하지만 구체적으로 관리자가 되기 위한 훈련은 받지 않는다.

경영은 우리가 길을 가면서 익히는 것과 같다. 종종 타고난 관리자들

도 있긴 하지만, 우리는 잘못된 힌트와 충고 때문에 실수하기도 한다.

우리가 배운 것들은 분명하다. 나는 지금 여기서 당신이 그동안 듣지도, 배우지도 못한 것을 알려줄 것이다.

035

열심히 일하라

> 천재는 1퍼센트의 영감과 99퍼센트의 노력으로 이루어진다.
> ― 토마스 에디슨Thomas Edison

관리의 기본 규칙은, 일을 끝내는 것, 업무를 훌륭히 마치는 것, 최선을 다해 열심히 일하는 것이다. 기본적인 일을 못한다면, 아무리 멋진 관리자도 다 소용없다.

당신의 업무를 빨리 마친다면 팀을 경영하는 데 집중할 수 있다. 서류상의 업무는 제시간에 효율적으로 수행해야 한다. 기본적으로 당신은 다음과 같이 일해야 한다.

- 정돈된 상태에서
- 전념하여

- 매우 효율적으로

- 집중하여

선택권은 없다. 당신은 열심히 일해야 한다. 관리는 명령만 하고 멋지게 보이는 것이 아니다. 그것은 아무도 보지 않는 뒤쪽에서 열심히 업무를 뒷받침하는 것이다.

만약 당신이 훌륭한 관리자인지 알고 싶다면 당신의 책상을 한번 보라. 지금 당장. 무엇이 있는가? 깨끗하게 정리 정돈된 공간인가? 종이가 한 가득 어지럽게 놓여 있는가? 서류 가방과 파일, 컴퓨터도 한번 살펴보라. 정돈되어 있는가, 그렇지 않은가?

당신이 업무를 제대로, 시간에 맞춰 끝냈는지 알기 위해서는 모든 수단을 동원해야 한다. 리스트를 만들고 컴퓨터에 팝업 달력을 설정하고, 늦게까지 일하고 아침 일찍 일어나라. 이를 위해서는 RULE 71을 참고할 필요가 있다. 하지만 효율성을 높이기 전에 먼저 일을 잘 마치도록 하라.

관리는 아무도 보지 않는 뒤쪽에서 열심히 업무를 뒷받침하는 것이다.

036

기준을 세우라

> 당신이 스포츠카를 개조해서 타임머신을 만들었다는 겁니까?
> 만약 당신의 타임머신으로 자동차를 만들었다면, 왜 더 멋지게 못 만듭니까?"
> ─마이클 J. 폭스, 영화 〈백투더퓨처〉 중에서

만약 당신이 고객과 논쟁을 벌이고, 무례하며 조잡한 물건을 생산한다면, 팀은 망할 것이다. 반면, 당신이 일찍 도착하고, 업무를 제시간에 끝내며, 정직하고 교양 있는 행동을 한다면, 팀은 최고가 될 수 있다.

사람들은 자신을 존중해 줄 사람, 존경할 수 있는 사람 그리고 따라하고 싶은 대상을 필요로 한다. 그런데 그 대상은 다름아닌 바로 당신이다. 영웅 따위는 구시대적이고 불필요하다고 생각한다면, 다시 한 번 생각하라. 팀 내의 모든 사람들은 당신과 특별한 관계를 맺고 있다. 당신은 그들의 지도자이며, 상사이고, 후원자, 스승, 영웅, 역할 모델이다. 그러기 위해서는 표준을 만들고, 그들의 역할 모델이 되어야만 한다.

당신이 그들을 돌보지 않으면 그들도 당신을 돌보지 않는다. 당신이 하는 모든 일에 기준을 세워야 한다. 말하기 전에 한 번 더 생각하라. 당신의 반응에 대해 심사숙고하라. "나는 바담 풍해도 너희는 바람 풍해라"는 말은 통하지 않는다. 당신이 팀원들에게 바라는 바를 스스로 보여라.

더 나아가 당신은 그들의 지분을 늘려줘야 한다. 그들에게 열망하는 것과 얻고자 하는 것을 주어야 한다. 결국 그들은 당신을 따르려 한다. 당신은 남과는 다른, 스타일과 재능, 독창성을 가지고 있다. 당신의 역할이 무엇인지 보고, 행하라. 관리자처럼 느끼고, 관리자처럼 생각하고, 관리자가 되라.

037

스스로 즐기라

내가 해내고 싶은 일이 많아질수록, '일' 이라고 부를 만한 것은 적어진다.
— 리차드 바흐Richard Bach

단도직입적으로 말하겠다. 당신이 하고 있는 일에 즐거움을 느끼지 못한다면, 그 일을 즐길 수 있는 사람에게 자리를 양보하라. RULE 38에서이에 관한 내용이 나오겠지만, 우선은 하고 있는 일에 대해 좋은 느낌을 가지려고 노력해 보자. 일을 즐긴다는 것은 맡은 일에 보람을 느끼고, 사소하고 작은 재미를 찾는 것이다.

　일을 즐긴다는 것은 당신의 직업, 역할에 대해 살펴보는 것이다. 당신은 더 열심히 일할 수도 있고 스스로 즐길 수도 있다. 생산적, 효율적, 효과적이며 책임감 있는 사람이 될 수 있다. 동시에 즐거움을 찾을 수도 있다. 이것은 당신의 선택이다. 누구도 당신에게 근엄하고 보수적이어야 한다고 말하지는 않는다. 당신은 그저 일을 하라고 고용되었을 뿐이다.

언제 진지해야 하는지, 언제 업무 속에서 유머를 발견할 수 있는지 안다면, 마법 같은 일이 일어날 것이다. 심각하고 딱딱한 분위기의 일터에서는 누구도 당신의 머릿속에서 무슨 일이 벌어지고 있는지 알 수 없다. 당신과 그들이 원하는 것으로부터 멀어지기만 할 뿐이다.

당신은 더 열심히 일할 수도 있고 스스로 즐길 수도 있다. 생산적, 효율적, 효과적이며 책임감 있는 사람이 될 수 있다. 동시에 즐거움을 찾을 수도 있다. 이것은 당신의 선택이다.

038

모든 것을 걸지는 마라

우리는 당신의 사진을 가지고 있다. 사진이 지금 당신의 모습과 일치하지 않는다고 해서
알아채지 못할 것이라고 생각하지 마라. FBI 수사관들이 있는 곳에
사진들이 배포되었다. 당신은 자수하는 편이 나을 것이다.
— 이브 아든Eve Arden, 영화 〈그리스Grease〉 중에서

일이 당신에게 너무 지나친 영향을 준다면, 그것은 단지 직업에 지나지
않는다는 점을 기억하라. 물론 일에 주의를 기울이고, 능력이 되는 한
최선을 다해야 한다. 일터에 있지 않을 때에도 일에 대해 걱정하고 생
각한다. 더 잘하고 싶고 더 효과적으로 일할 수 있기를 기대한다. 그럼
에도 불구하고 이것은 단지 일이며 직업일 뿐이다.

당신 주위를 둘러보라. 일이 지구의 중심이고 가장 중요하다고 생각
하는 사람들을 볼 수 있다. 그저 즐겨라. 최선을 다해서 하되, 단지 일
이며 언제든지 바뀔 수 있고, 당신 역시 다른 사람으로 대체될 수 있음
을 기억하라.

모든 것을 걸지 말라고 해서 신경을 쓰지 말고 자부심과 기쁨도 가지지 말라는 의미는 아니다. 일이 당신 건강을 해치고 스트레스를 주어서는 안 된다는 말이다.

그저 즐겨라. 최선을 다해서 하되, 단지 일이며 언제든지 바뀔 수 있고, 당신 역시 다른 사람으로 대체될 수 있음을 기억하라.

039

당신의 일을 이해하라

나를 용서해 주세요. 당신은 정치가고, 나는 술집 주인이거든요.
— 험프리 보가트Humphrey Bogart, 영화 〈카사블랑카Casablanca〉 중에서

당신은 무슨 일을 하기로 되어 있는가? 알고 있다고 생각하기 쉽지만, 정말 그런가? 이것은 마치 당신 상사가 '가능한 빨리 마치길 원한다' 라고 말하는 것과 같다. 그게 말처럼 쉬운 일인가? 가능한 빨리라는 것은 누구한테 해당하는 말인가? 그리고 '원한다' 는 것이 희망사항인가 필요인가? '마친다' 는 말 역시 해석의 여지가 많다. 내가 너무 까다롭게 굴고 있다는 것은 안다. 하지만 포인트를 짚고 넘어가자는 것이다. 당신은 팀을 관리하고 경영해야 한다는 것을 알고 있다. 예산과 달성 목표, 전략과 계약에 대해서도 알고 있다.

그렇지만 당신은 무엇을 하기로 되어 있는가? 무엇이 당신에게 우선

순위인가? 목표는 무엇인가? 최근에 변경된 사항은 없는가?

겉으로는 팀이 성공적이고 생산적이길 바라는 듯하지만, 오직 나를 방해하고 통제하는 데만 신경을 쓰는 상사와 일한 적이 있다. 내가 팀의 과감한 개선을 위해 변화를 시도할 때마다 그는 망설이고 미루고 결정하지 않았다. 나는 최선을 다했으나, 상사 때문에 내가 하려는 일을 할 수 없었다. 결국 우리는 상사의 조카가 소속된 부서에게 졌다. 우리 팀의 상사는 내가 실패하고 자신의 조카가 성공하기를 원했고 나는 무력했다. 그 사실을 알고 난 후 나는 더 이상 일할 수 없었다. 당신은 당신에게 부여된 일을 이해해야 한다.

040

당신이 하고 있는 일을 알아라

두 사람만으로는 절대 항해할 수 없어요. 항구도 벗어날 수 없을 거라고!
난 캡틴 잭 스패토우야. 알지?
— 조니 뎁Johnny Depp, 영화 〈캐리비언의 해적〉 중에서

당신은 무엇을 하고 있는가? 중요하지만 사람들이 간과하기 쉬운 것이 이것이다. 자 그럼 대답해 보라. 당신은 무엇을 하고 있는가?

이 질문에 대답하기 위해서 당신은 장기 혹은 단기 계획에 대한 공식 문서를 필요로 할 것이다. 계획서를 가지고 있지 않다면, 당신은 지도가 없는 것과 마찬가지다. 지도가 없다면, 보물을 찾을 수 없다. 당신이 누구이고 어디에 있는지 알고 있다면, 당신은 진정한 캡틴이다.

장래 승진을 위해 기초를 든든히 쌓고 있는가? 아니면, 할 일을 결정할 때까지 관망하고 있는가? 은퇴할 날을 손꼽아보고 있는가? 스카우트되기만을 기다리고 있는가? 경쟁자를 이기기 위해 남들을 헐뜯고 있

는가? 좋은 결과를 내고 경쟁에서 이기기 위해 열심히 일하는가? 상사의 눈에 띄기 위해 노력하는가? 인맥을 구축하고 있는가? 스스로 회사를 창업할 속셈으로 아이디어와 자원을 몰래 빼내고 있는가?

여기에는 옳은 답도 그른 답도 없다. 하지만 실제로 당신이 무엇을 하고 있는지에 대해서는 알고 있어야 한다. 앞으로 하려고 하는 일이 아닌, 당신이 하고자 하는 일이 아닌, 회사가 당신에게 원하는 일이 아닌, 당신이 하고 있는 일 말이다. 언젠가는 그 비밀스러운 정보를 알고 있기 때문에 기적을 행할 수 있었다는 것을 알게 될 것이다. 아는 사람도 있고 모르는 사람도 있겠지만, 당신은 그것이 매우 중요하다는 것을 알고 있다.

이제 당신 팀을 찬찬히 둘러보고 각 개인이 실제 무슨 일을 하고 있는지 말해 보라.

041

혁신의 태도를 지녀라

금세기의 대표적인 진보, 백열전구, 비행기 그리고 컴퓨터는 혁신가들에 의해 창조되었다. 그들은 존재하지 않는 것을 상상하고, 왜 만들어지지 않았는지에 대해 의문을 가졌다. 눈에 띄는 직원이 되기 위해서는 이런 혁신, 가치 창조를 위한 결단력이 필요하다.

— 버니 밀라노Bernie Milano

미래나 혁신 등에 대해 생각하지 않아도 주어진 일을 끝내고, 문서업무를 마무리하느라 얼마나 바쁜지 안다. 하지만 현명한 관리자는 일주일에 30분이라도 미래 계획을 위한 시간을 갖는다. 스스로에게 간단한 질문을 던져보려고 시도하라.

- 어떻게 하면 좀더 나은 영업 실적을 거둘 것인가?
- 도움이 되기 위해서 무엇을 해야 하는가?
- 어떻게 조직을 개편할 것인가?
- 회계 처리 과정을 어떻게 간단히 할 수 있는가?

- 팀원의 사기를 진작하기 위해서는 무엇을 해야 하는가?
- 시간을 낭비하지 않고 효율적으로 미팅을 주최할 방법은 무엇인가?

'하던 대로 하면, 거두던 결과만큼 거둘 것이다' 란 말이 있다. 사실이다. 혁신하지 않으면 가라앉는다. 가라앉게 되면 악어에게 물릴 것이다. 당신은 계속해서 노를 젓고, 앞으로 나아가야 한다. 상어는 평생 물을 가르며 앞으로 나아간다. 그들은 절대 멈추지 않는다. 상어가 되어라. 당신이 안 되면, 다른 이들이 상어가 되고자 할 것이다.

메일 수신함을 열었더니 처리해야 할 전자메일이 잔뜩 쌓여 있다. 우편물도 있다. 직원들 문제도 있다. 점심식사도 있다. 오후에 해야 할 일도 있다. 우편물을 정리하고 간단하게 커피 한잔을 하고 어쩌고저쩌고 하다 보니 어느새 집에 갈 시간인데, 미래에 대해 30분 정도 짬을 내서 생각하란다. 답답한 노릇이다.

하지만 그 30분은 다른 일과 함께 병행해도 상관없다. 일주일에 한번 나는 혼자 점심식사를 하면서 혁신적인 생각, 미래에 대한 생각, 경쟁자를 이길 방법에 대한 생각 등을 하곤 한다. 사람들이 내 시간을 방해할 수 있기 때문에 그럴 때는 밖으로 나가서 혼자 점심을 먹는다.

042

일관성을 가지라

> 나는 비즈니스 캐주얼 룩을 좋아하는데, 그것은 별로 매력적이지 않은데다
> 프로처럼 보이지도 않고 사람을 왜소하게 만들기 때문이다.
> ― 딜버트Dilbert

항상 정장 차림을 하던 당신이 어느날 갑자기 청바지에 티셔츠를 입고 나타난다면, 사람들은 미심쩍은 눈으로 당신을 바라볼 것이다. 업무를 훌륭하게 수행하던 당신이 갑자기 쓰레기 같은 서류를 작성한다면, 사람들은 당신이 얼이 빠졌다고 생각할 것이다. 직원들을 깍듯하게 대하다가 어느날 모두에게 마구 화를 내고 소리를 지른다면, 사람들은 더 이상 당신을 신뢰하지 않을 것이다. 매일 아침 일찍 출근하다가 하루만 술 냄새를 풍기며 느지막이 나타나도, 사람들은 술꾼이라고 비난할 것이다.

사람들은 당신이 어떤 행동을 할지 예측하고 싶어 한다. 업무 수행에

있어서도, 직원을 대하는 데 있어서도 일관성이 있어야 한다. 가십거리로 주목받지 않도록 해야 한다. 결백하고, 정직하고, 믿을 만하고 의지할 수 있는 사람이어야 한다.

멍청하거나 지루해서도 안 되고 재미있고, 활력 넘치며, 멋지고 혁신적이고, 도전적이어야 한다. 당신이 결정한 것이라면 무엇이든 관철하고 어떤 일이든 일관성 있게 추진한다는 확신을 주라.

사람들은 당신이 어떤 행동을 할지 예측하고 싶어 한다. 업무 수행에 있어서도, 직원을 대하는 데 있어서도 일관성이 있어야 한다.

043

현실적인 목표를 세우라

> 현실적이고 성취할 수 있는 목표를 세워야 한다. 비현실적인 목표를 세우면,
> 실패하고 실망할 가능성이 커진다. 규모가 큰 업무는 처리하기 쉽게 나누어서
> 수행해야 한다. 그러면 덩치 큰 프로젝트가 주는 위압감을 줄이고 성취감을 가져올 수
> 있다. 업무를 완성할 때 걸리는 시간을 계산할 때는, 예상보다 오래 걸릴 것을
> 예상해 여유 시간을 고려하라. 그래야 시간의 압박을 줄일 수 있다.
>
> — 바바라 낸스Barbara Nance

여기서 말하는 목표는 예산이나 기업 목표에 대한 것이 아니다. 개인의
목표와 목적이다. 개인 목표를 반드시 세워야 하는데, 그렇지 않으면
성공을 했는지 아닌지를 말할 수 없다. 나는 언제나 운동을 잘하고 싶
었지만, 달리기를 못했고 매번 비참하게 졌다. 때문에 스스로 실패자라
고 생각했다. 그러던 어느날 운동 신경은 유전적인 것이며 나는 그것을
가지고 있지 못한 것뿐이라는 것을 알았다. 과연 내가 실패자인가? 아
니다. 나는 다른 분야에 재능을 가지고 있을 뿐이다. 성공은 다음 기준
으로 평가해야 한다.

- 작년에는 어땠는가?

- 5년 전에는 어땠는가?

- 개인적으로 세운 목표에 비해서는 어떠한가?

- 장기 계획에 대해서는 어떠한가?

개인마다 차이가 있기 때문에 다른 사람과 비교하는 것은 무의미하다. 나는 꽤 좋은 오토바이를 가지고 있었는데 그것을 매우 아꼈다. 오토바이를 타고 가다가 우연히 다른 오토바이와 함께 신호를 기다리며 서 있었고, 그 오토바이를 쳐다보며 '저게 바로 내가 원하는 거야'라고 생각하며 속으로 울부짖었다. 그 사람도 내 오토바이를 보고 있었는데 분명 나와 똑같은 생각을 했을 것이다. 신호가 바뀌고 우리는 요란한 소리를 내며 출발했고, 곧 우리가 같은 오토바이를 타고 있음을 깨달았다. 아, 이런 변덕이 얼마나 우리를 속이고 흥분하게 하는가. 어떤 사람을 보고 부러워할 수 있지만, 당신은 그들이 무슨 생각을 하고 있는지 모른다. 다른 사람의 입장을 고려해 보는 것은 좋지만, 그들과 비교하지는 마라.

도전적이면서도 성취할 수 있는, 현실적인 목표를 세우라. 너무 쉬워도, 어려워도 안 된다.

044

비즈니스 전략을 수립할 때는 비밀로 하라

모든 일은 그 일을 하는 사람의 자화상이다. 당신의 일을 훌륭하게 해내라.

— 무명 씨

당신의 머릿속에서 무슨 일이 진행되는지는 아무도 모른다. 얼마나 대망을 품고 있는지도, 어떤 일을 하는지도 모른다. RULE 40을 기억하라. 그래야 비즈니스 전략을 세우고 동시에 업무를 훌륭하게 수행할 수 있다. 당신의 전략은 장기 목표와 단기 목표를 모두 포함하고 있어야 하고 — 원하는 것과 의도하는 것 — 실제로 하고 있는 일과 당신의 성공을 염두에 둬야 한다.

그렇다면 왜 비밀로 해야 하는가? 당신의 전략이 팀이나 상사와의 전략과 꼭 들어맞지 않을 수도 있기 때문이다. 이것은 개인적인 비즈니스 전략이고 당신의 꿈과 희망 그리고 포부를 보호하기 위해서 지켜져야 한다. 만약 사람들이 완벽한 관리자의 자신감 넘치는 분위기를 벗어나게 하는 어떤 비즈니스 전략을 우연히 듣게 된다면, 그들은 자신감을 잃을 것이다. 만약 당신이 빠른 승진에 대한 계획을 가지고 있다면, 사람들은 당신을 야심가이며 곧 회사를 떠날 것이라고 생각해서 장기 프로젝트를 주지 않는다. 카드 패는 혼자만 보고, 속으로는 혁명을 계획하든, 에베레스트 등반을 계획하든 겉으로는 헌신적인 모습, 부지런함과 안정감을 유지하라.

당신의 전략은 장기 목표와 단기 목표를 모두 포함하고 있어야 하고 — 원하는 것과 의도하는 것 — 실제로 하고 있는 일과 당신의 성공을 염두에 둬야 한다.

045

불필요한 규칙을 제거하라

자기 강화의 나선형 상승: 행동이 자신감을 강화하고 자신감은 행동을 강화한다.
— 모스 캔터Moss Kanter, 하버드대학 교수

'그는 자기 발등을 찍고 있어. 규칙과 원칙에 대한 책에서 규칙을 제거하라고 말하다니'라고 생각할 것이다. 그렇다. 불필요한 원칙을 제거하라. 사람들로 하여금 당신이 그들 편임을 알게 하고, 효율성을 높이기 위해서 형식과 과정을 간소화하라. 오래된 방해물은 사라져야 한다.

어느 직장이나 관료주의, 형식주의, 오래된 규칙 같은 것이 어느 정도는 있게 마련이다. 그런 것을 모두 없애라. 당신과 팀이 하는 모든 일에 대해 의문을 품고 질문하라. 그 일을 하는 데 방해되거나 불필요한 것을 제거함으로써 좀더 빠르고 훌륭하게 업무를 수행하라.

새로운 시각이나 관점에서 사물을 보지 않고 일상에 안주하기는 매우 쉽다. 당신은 직장의 상황과 업무를 외부 컨설턴트가 보는 것과 같은 관점으로 바라볼 수 있어야 한다. "왜 우리는 이것을 하고 있는가? 이것을 안 하면 안 되는가"라고 질문하라. 불필요한 것을 발견하고 이를 제거할 수 있을 것이다.

일을 능률적으로 하라. 시간을 절약하라. 직원을 행복하게 하고 신뢰할 수 있게 하라.

사람들로 하여금 당신이 그들 편임을 알게 하고, 효율성을 높이기 위해서 형식과 과정을 간소화하라. 오래된 방해물은 사라져야 한다.

046

당신의 실수에서 배우라

일에서의 실패는 연애에서의 실패와 비슷하다. 만약 실수로부터 배우지
않는다면, 그것을 반복하게 될 것이다. 많은 사람들은 안 좋은 직업이나
일자리가 없는 상태를 피하고 싶어 한다. 그러나 실패하고도 그 이유를 찾지
못한다면 실패를 거듭하게 될 것이다.

— 브래들리 G. 리차드슨Bradley G. Richardson

놀랄 만큼 창의적이고 혁신적인 관리자가 되기는 힘들다. 우리 모두는
실수를 한다. 그러나 어떤 관리자는 자신의 실수를 얼버무린다. 그들은
실수를 덮고, 묻고, 잊어버린다. 훌륭한 관리자가 되기 위해서는 그래
서는 안 된다. 스스로를 너무 호되게 몰아치거나 괴로워해서도 안 되지
만, 무엇이 잘못되었는지를 분석하고 동료들과 함께 앞으로의 일에 대
한 계획과 대안을 마련해야 할 것이다.

실수를 했다면, 다음부터는 실수하지 않는 방법을 찾아야 한다. 관리
자가 된다는 것은 계속해서 배워가는 과정이다. 멈춰서도 안 되고 모든
것을 알고 있다고 생각해서도 안 된다. 모든 것을 알고 있지도 않을뿐

더러 그럴 수도 없다. 하지만 당신을 이끌어줄 수 있는 믿을 만한 사람과 훌륭한 참고서적은 있을 수 있다.

실수는 우리로 하여금 무엇을 잘못하고 있는지 이를 어떻게 고쳐야 하는지를 가르쳐 준다. 실수를 통해 더 나은 관리자가 될 수 있고 더 많은 경험을 할 수 있으며 더 넓은 스펙트럼을 가질 수도 있다. 우리는 모두 실수를 한다. 그것을 받아들이고 실수를 통해 배우라.

놀랄 만큼 창의적이고 혁신적인 관리자가 되기는 힘들다. 우리 모두는 실수를 한다. 실수를 했다면, 다음부터는 실수하지 않는 방법을 찾아야 한다.

047

잊을 준비를 하라
―무엇이 잘되는지, 무엇이 변했는지

학교에서 배운 것에 개의치 말고, 항상 잊고 다시 배울 준비를 하라고 격려하고
싶다. 꿈꾸기를 포기하지 말라. 우리 모두가 더 나은 세상을 꿈꾼다면, 우리는
반드시 그런 세상에서 살게 될 것이다.
― 무하마드 유너스Muhammad Yunus

지금까지 해 왔던 대로 영업을 계속하는데 갑자기 판매실적이 떨어지
고, 직원들은 자리를 옮기며, 모든 것이 무너지는 것을 경험한 적이 있
다. 이전과 다른 어떠한 것도 하지 않았는데 말이다. 그것은 당신의 성
공 공식이 더 이상 작동하지 않는다는 뜻이다. 어떻게 해야 하는가? 우
선 어떤 것이 성공적으로 작동하는지, 무엇이 변했는지를 파악하라. 그
런 변화는 늦었다는 것을 인식할 사이도 없이 빠르게 온다. 이것을 인
식하고, 받아들일 준비를 하라. 당신은 다음과 같은 것들에 정통해야
한다.

- 당신이 속한 산업에서의 최근 변화
- 새로운 기술
- 새로운 전문 용어
- 새로운 방법론
- 영업, 시장 경향, 직원들의 이동 형태, 목표와 예산의 변동사항

일상적인 틀에 박혀 있지 마라. 훌륭한 경영진은 언제나 빠르고 기술적으로 변화할 자세가 되어 있다. 그렇지 않다면, 당신은 무용지물이 될 것이다.

직원을 관리하는 스타일 등에서도 마찬가지이다. 몇 년간 행하던 방식이 있겠지만 어느날 갑자기 그 방식이 통하지 않을 수 있다. 굴하지 않고 꾸준히 유지할 수도 있겠지만, 그러면 직원을 잃게 된다. 예전 방식을 버리고 새로운 방식을 받아들일 준비를 하라. 만약 일하는 방식이 너무 판에 박혀 있다면, 가끔은 그것을 바꿔보자. 갑자기 찾아온 변화에 민첩하게 대응해야 한다.

048

호들갑 떨지 말고
우선순위를 매겨라

우리는 그것을 원하고 필요로 한다. 반드시 그 귀중한 것을 얻어야 해!
— 골룸, 영화 〈반지의 제왕Lord of the Rings〉 중에서

골룸은 우선순위를 매기는 것의 가치를 알고 있었다. 그는 다른 모든 것을 제외하고 자신이 정말 원하는 것을 알고 있었다.

누구를 위해 일하는지 묻기 좋아하는 관리자와 함께 근무한 적이 있다. 우리 자신이나 상사, 혹은 경영자라고 대답하면 그는 몹시 화를 냈다. 그가 원하는 유일한 답은 주주들이었다. 그것이 우리가 일하는 이유라고 말했다. 다른 것은 모두 불필요한 삽입구일 뿐이라는 것이다. 1인 기업이라면 당신이 주주일 것이고, 특정 집안이 경영하는 기업이라면 리더가 주주일 것이다. 증권시장에 상장되었는지의 여부와 상관없이 주주는 투자한 모든 사람을 뜻한다.

그러니까 호들갑 떨지 말라. 누가 뭐래도 사업의 목적은 이윤이다. 돈을 버는 것이다. 이제 당신은 모든 일에 대해 판단할 기준을 가지게 되었다. "이것이 이윤을 얻는 데 기여했는가, 못했는가"라고 질문하라. 기여했다면 계속 행하고, 아니면 그만둬라.

돈이 없으면 사업도 없다. 사업이 없으면 직장도 없다. 직장이 없으면 월급도, 차도, 탁자 위의 빵도, 멋진 휴양지에서의 휴일도 없다.

한 발자국 떨어져서 당신이 하고 있는 모든 것을 바라본다면, 많은 것이 불필요하다는 것을 알게 될 것이다. 우선순위를 매길 시간이다. 어리석은 짓은 그만하고 한 가지 일에만 충실하라. 그러면 다른 관리자보다 현명하다는 평가를 받을 것이다. 자, 골룸이 되어라.

[돈이 없으면 사업도 없다. 사업이 없으면 직장도 없다.]

049

잘 알고 있는 사람을 양성하라

미래의 커리어를 위해 연줄을 이용하는 것은 당연하며,
그 사실을 숨기려고 노력할 필요는 없다.
— 오비Obi, 액티브 슬로우터Active Slaughter(무정부주의 펑크 밴드)

사업에서는 움직임을 선동하고 흔드는 사람이 있고, 일개미처럼 움직이는 사람이 있다. 당신은 누가 움직임을 선동하고 흔드는 사람인지를 알아야 한다. 그리고 그들을 양성해야 한다. 경영진은 종종 경호원처럼 행동하는 개인비서를 둔다. 당신은 경영진과 만나기 전에 항상 그들을 거치게 된다. 나는 일전에 경영 컨설턴트를 비공식적인 개인비서로 두고 있는 상사와 일한 적이 있다. 그녀의 성은 버튼이었고, 상사와 그의 측근은 그녀를 JB라고 불렀지만, 그들을 제외하고는 모두 버튼 씨라고 불렀다.

나는 그녀를 JB라고 부르기 시작했고, 처음 몇 차례 그녀는 질겁했다. 나는 고작 하위 관리자에 지나지 않았고 그럴 권리가 없었던 것이다. 하지만 나는 계속 그렇게 행동했다. 몇 주가 지났을 때, 그녀를 JB라고 부르는 나를 본 상사는 내가 그녀의 측근이라고 생각하게 되었다. 그리고 그는 나에게 더 많은 책임감을 부여하기 시작했다.

많은 사람들은 이렇게 생각한다. '학벌을 따지는 시대는 끝났다. 만약 그렇지 않다면 끝나야만 한다. 또는 학벌 시스템은 끝났기 때문에 새로운 시스템이 도입되어야 한다. 순수한 재능이 항상 빛을 발할 것이다.'

그러나 여전히 특정 클럽을 운영하는 사람들이 서로를 잘 아는 사람들인 것을 보면, 학벌을 따지는 시스템은 끝나지 않은 것 같다. 꼭 그것이 학벌일 필요는 없으며, 골프 클럽, 자선 행사, 대학, 가족, 조찬모임, 오래된 친구 등 무엇이든지 가능하다. 그들은 이미 알고 있고 믿을 수 있는 사람들과 함께하길 원한다. 알아두면 좋은 주변인들과 가까워지도록 노력하라. 그들을 양성하라. 그리고 그들 중 하나가 되라. 그 다음은 모두 당신에게 달려 있다.

050

문을 닫아야 할 때를 알아라

일은 사회에서 최소한의 안전한 장소를 제공하기 때문에 각 개인이 살면서
확고하게 일에 중점을 두는 것 외에 다른 방법은 없다.
— 지그문트 프로이드Sigmund Freud

관리자로서 문을 열어두는 것은 매우 좋은 아이디어지만, 문을 닫아야
하는 시점을 아는 것 역시 중요하다. 그때는 다음과 같다.

- 어떤 특정한 업무를 볼 때
- 사적인 만남이 있을 때
- 팀원들에게 방해받고 싶지 않음을 알릴 때
- 팀원들에게 당신이 상사이며 그들과 일원이 아님을 알리고자 할 때

좋은 관리자는 문을 열어두는 방침을 고수해서, 팀원이 필요로 할 때

언제든 당신을 만날 수 있게 하려 할 것이다. 하지만 물리적, 심리적으로 일종의 장벽이 필요한 시점이 있다. 당신은 팀원들과 친구처럼 지내다가도 상사의 역할을 해야만 한다.

민주주의에 의한 통치는 매우 좋다. 회의와 위원회도 좋다. 합동 토론도 가치가 있다. 하지만 유사시에 당신은 책임질 준비를 해야 하고, 어려운 요구도 해야 하며, 상사 역할도 해야 한다. 때때로 문을 닫는 것이 이를 강화한다. 잔인하거나 거친 상사가 될 필요는 없지만, 확실한 상사가 되어야 한다.

만약 당신이 강하고 독단적인 상사가 될 수 없다면, 문을 닫는 연습을 하길 바란다. 이것은 당신의 환경을 지배하는 사람에 대한 상징적인 행동이다. 여러 차례 반복하면 팀원들은 당신이 주고자 하는 메시지를 알아챌 것이다. 한번 하기 시작하면, 당신은 사무실에 앉아 있는 사람과 그들이 머무는 시간에 대해 통제할 수 있게 된다. 문을 닫는 행위는 당신이 관리자임을 상징화한다. 그리고 이것은 좋은 현상이다, 믿어라. 뿐만 아니라 어떠한 방해도 없이 당신이 원하는 업무를 볼 수 있다는 것도 의미한다. 그러나 이 방법을 너무 자주 사용하지는 마라. 접근할 수 없는 상사만큼 두려운 것은 없기 때문이다.

051

시간을 생산적이고
효율적으로 사용하라

아무도 보고 있지 않은 것처럼 춤을 춰라. 아무도 듣고 있지 않은 것처럼 노래하라.
한 번도 상처 받지 않은 것처럼 사랑하라.
─윌리엄 퍼키 William Purkey

그리고 상사가 있지 않은 것처럼 일하라. 돈을 말하지 마라.
─리차드 템플러 Richard Templar

빈 사무실에 혼자 있게 되는 때가 있을 것이다. 당신이 정말 훌륭하고 효과적인 관리자라면, 혹은 그런 관리자가 되고 싶다면, 쉽게 적당히 승진하려고 해서는 안 된다. 머리를 숙이고 일을 마쳐야 한다. 그리고 빠르고 능률적으로 일을 해야 한다. 그리고 당신의 장기 목표, 비즈니스 전략 등을 위한 과제를 수행해야 한다.

긴장과 자극이 없는 상태에서 일하는 것은 당신 스스로를 위해 일하는 것과 같다. 당신은 스스로 동기를 부여받아 더 헌신적으로 집중해야 한다. 이것은 연습과 훈련을 필요로 한다. 우리는 모두 쉬는 것을 좋아하며 생각할 시간, 휴식시간을 필요로 한다. 이것이 지나치게 많아서는 안 되지만 중요하다. 강도가 들어와 하루를 훔쳐 가게 내버려둬서는 안 된다. 짧은 마감시간을 정하라. 할 일을 조금 정해 두고 하나씩 지워가면서 성취감을 느껴라. 점심시간에는 술을 마시지 마라. 그렇지 않으면 오후에 정신을 못차리게 된다. 충분히 이른 시간에 잠자리에 들어라. 그렇지 않으면 사무실에서 눈 붙일 시간만 찾게 된다.

시간을 낭비하는 사람들을 조심하라. 사람들에게 당신이 중요하고 급하게 마쳐야 할 업무가 있으니 좀 도와달라고 말하라.

전자 메일도 조심하라. 시간을 잡아먹을 수도 있다. '전자 메일 수신함을 모두 정리했으니, 내 업무는 끝났군'이라고 생각할 수 있겠지만, 전자메일에 답신하고, 보낼 메일을 작성하는 것이 업무는 아니다. 그것은 당신이 어떤 일을 시작하기 위한 준비 단계일 뿐이다. 전화를 걸고, 사람들을 쫓아 영업 실적을 올리고, 생산을 확인하고, 보고서를 작성해야 한다. 생산성과 효율성을 높여라. 그러면 나머지는 아무런 문제가 되지 않을 것이다.

052

계획 B와 계획 C를 세우라

대부분의 사람들은 그들의 인생 계획보다는 휴가 계획을 세우는 데 더 많은 관심을 기울인다는 것을 알았다. 아마 변경하기가 쉬워서 그랬을 것이다.

— 존 론John Rohn, 유명한 동기부여가

재난에 대비한 계획을 가지고 있어야 한다. 모든 일에 대해 '만약 …라면' 이라는 가정을 세워야 한다. 그러지 않으면, 무능력하게 비춰질 수 있다. 다 잘될 것이라는 생각은 절대 하지 마라 —그렇지 않다. 당신이 다 잘할 수 있을 거라고도 생각하지 마라 —그렇지 않다. 기술이 언제나 효력을 낼 것이라고 생각하지 마라 —그렇지 않다. 계획 A가 항상 적합할 것이라고 가정하지 마라 —아닐 수도 있다. 계획 B 또한 언제나 유효하지는 않을 것이다.

어떤 일이 잘못되었을 때는 임시변통을 마련하고 적응하며 극복해야 한다. 처음부터 끝까지 파워포인트를 이용해 발표하려고 하다가, 만약 정전이 되면 어떻게 할 것인가? 정전이나 기술적인 문제 등 만약의 상황에 대비해야 한다. 오늘은 아니더라도, 언젠가는 예기치 못한 사고들이 생길 수 있기 때문이다.

정말 훌륭한 관리자라면, 계획 B나 C 따위는 필요하지 않을 것이다. 그들은 문제가 발생했을 때 언제나 효과적으로 대처하고 해결방안을 내놓을 수 있기 때문이다. 그러나 끊임없이 '만약 이것이 작동하지 않으면 어떻게 대처할 것인가' 라고 묻는 편이 현명하다.

계획 A가 항상 적합할 것이라고 가정하지 마라. 계획 B 또한 언제나 유효하지는 않을 것이다.

053

기회를 이용하라
─행운을 잡되 절대 그것에 의존하지 마라

나는 행운을 믿는 사람이고, 열심히 일할수록 더 많은 운이 따른다는 것을 알게 되었다.
─토마스 제퍼슨Thomas Jefferson, 전 미국 대통령(1801~1809)

눈을 크게 뜨고 잘 살펴보면, 주변에는 많은 기회와 행운이 있다는 것을 알게 될 것이다. 빠르고 현명하면 그것을 잡을 수 있다. 그것은 금세 지나가 버리기 때문에 잡을 수 있을 때 잡아야 한다. 주변에서 늘 일어나는 일이지만, 그것을 당신 계획 속에 포함시킬 수는 없다. 그것을 소중히 생각하고 찾을 때, 더 많은 기회와 운이 발생한다. 운을 믿지 않는다면, 우리가 싫어하는 사람들이 성공한 이유를 어디에서 찾겠는가?

물론 당신이 운이 좋아서 출세한 것만은 아니다. 우리는 모두 때때로 운이 좋으며, 행운이나 기회가 생겼을 때 그것을 잡아서 활용해야 한다. 그리고는 덮어두어라. 언제나 사실을 말할 필요는 없다. 운이 좋았다면, "이건 행운이었어"라고 말하되, 사람들로 하여금 여기에는 신중한 계획과 수년에 걸친 연구와 경험이 포함되어 있음을 알게 하라. 그게 사실이다. 행운 같은 것은 없다. 단지 일, 경험, 연구와 계획에 근거한 기회만이 있을 뿐이다. 당신이 일을 잘하지 못하면, 행운도 찾아오지 않는다.

> 그것을 소중히 생각하고 찾을 때, 더 많은 기회와 운이 발생한다. 운을 믿지 않는다면, 우리가 싫어하는 사람들이 성공한 이유를 어디에서 찾겠는가?

054

스트레스를 자각하라

기회는 종종 기회가 아닌, 하기 싫은 일처럼 보인다.
— 토마스 에디슨Thomas Edison

훌륭한 관리자는 스트레스에 잘 대응한다. 왜 그럴까? 스트레스는 비생산적이기 때문이다. 고혈압에 시달리며 약을 잔뜩 먹으면서도 중요한 거래는 성사시키고야 마는 것이 임원에 대한 오래된 이미지다. 하지만 현대 임원에 대한 이미지는 느긋하게 앉아서 서두르지 않고 신중하고 사려 깊게 일하는 쪽으로 변화했다. 스트레스 받을 필요가 없다. 스트레스가 아닌 흥미, 도전정신과 의욕을 가져야 한다. 스트레스는 흥미와 재미가 변질된 것이다. 당신은 일과 직업을 사랑하는 대신 두려워하기 시작했다. 도전하는 대신 비교하고 대조한다.

그렇다면 스트레스는 어떤 형식으로 나타나고 어떻게 경험할 것인가? 이것은 사적인 문제이다. 나는 더 많이 소리치고 논리적으로 생각하지 않고, 더 많은 것을 요구하며, 태도가 무례해질 때 스트레스를 많이 받고 있다는 것을 알아차린다. 술과 담배를 많이 하고 잠을 못 자고, 못 먹으며, 극도의 피로를 느끼거나 부적절한 행동을 한다거나 하는 식으로 나타날 수도 있다. 만약 이런 신호를 알아채지 못한다면 잘 아는 사람에게 물어보라 – 그들이 말해 줄 수 있을 것이다. 여러 가지 스트레스 증상을 느끼면, 다음 사항들을 체크하라.

- 무엇 때문에 스트레스를 받는가?
- 스트레스를 유발하는 원인이 무엇인가?
- 내가 할 수 있는 일은 무엇인가?
- 재발을 막으려면 어떻게 해야 하는가?

나는 스트레스 받는 것을 좋아하지 않고, 스트레스만큼 건강에 악영향을 미치는 것도 없다고 생각한다. 나는 이에 대한 해결 방법을 알고 있다. 스트레스를 자각했을 때 스트레스의 강도를 줄일 수 있다. 또한 이것이 나에게 어떤 도움이 되는지도 안다. 당신에게는 어떤 도움이 되는가?

055

건강을 관리하라

건강한 심장을 위해서는 운동을 하고 잘 먹고 하루에 수차례 웃어야 한다.
—마이클 밀러Michael Miller, 의사

건강을 관리하는 일은 미루기가 쉽다. 하지만 절대 그래서는 안 된다.
그러니 지금 당장 시작하라.

- 적당히 먹어라. 편안하게 앉아서 즐기면서 먹어라.
- 적절한 음식을 먹어라. 신선하고 기름기 없는 고기, 신선한 과일, 샐러
  드, 야채를 먹고 인스턴트 식품을 피하라.
- 숙면을 취하라.
- 걱정하지 마라. 웃고 즐겨라. 일과 관련 없는 것을 즐겨라.
- 정기적으로 건강검진을 받아라.

- 편안하고 안전한 환경에서 일하라.

- 콜레스테롤 수치와 혈압을 체크하라.

- 당신을 지지하고 사랑하는 사람들과 관계를 맺어라.

- 위기의 순간에 당신을 붙잡아줄 믿음을 가지라.

- 운동하라.

- 체중을 확인하라.

- 적당한 음주를 하라.

- 금연하라.

물론 이것을 모두 해야 할 필요는 없다. 하지만 오래 살고 싶고 부유해지고 싶다면, 한번 생각해 보라.

056

고통과 기쁨에 대비하라

살면서 우리가 하는 가장 큰 실수는 자신이 아닌 다른 사람들을 위해 일한다고
생각하는 것이다.
— 브라이언 트레이시Brian Tracy, 비즈니스 코치

먹고 살기 위해서 일하는 것은 지루하고 재미없다. 지위가 높아질수록
더 그렇다. 처음 일을 시작했을 때 나는 지루하고 좌절하고 직업에 대
해 싫증을 느끼곤 했다. 관리자로 승진했을 때에도 여전히 지루해하고
게으른 나 자신을 발견하고 놀랐다.

　그러나 특별한 것을 기대하지 않자 이 같은 감정을 느끼지 않을 수 있
었다. 나는 매일 새로운 것, 흥미롭고 도전적인 것을 기대했고 기대한
일이 일어나지 않자 실망했던 것이다.

　이제는 매일매일이 환상적일 수는 없다는 사실을 깨달았다. 아드레
날린 수치가 최고조에 이를 정도로 흥분되고 극적인 날도 있다. 반면에

지루하고 재미없는 날도 있다. 고통과 기쁨에 대해 모두 준비해야 한다. 당신의 기대치를 조절해서 너무 실망하지도 너무 들뜨지도 마라.

먹고 살기 위해서 일하는 것은 지루하고 재미없다. 그러나 특별한 것을 기대하지 않자 이 같은 감정을 느끼지 않을 수 있었다. 이제는 매일매일이 환상적일 수는 없다는 사실을 깨달았다.

057

미래에 직면하라

미래에 대한 최선의 대응은 그저 맞닥뜨리는 것이다.
— 에이브러햄 링컨Abraham Lincoln, 전 미국 대통령(1861~1865)

지금 무엇을 하고 있든, 그것은 변할 것이다. 곧 미래가 온다는 것은 피할 수 없는 사실이다. 모든 것은 변할 것이고 변해야만 한다. 지금 당신과 일하는 사람들은 팀을 떠나게 된다. 당신의 영업 실적은 좋아질 수도 있고, 혹은 나빠질 수도 있다. 고객도 변하고 동료들도 달라진다. 당신 또한 변한다.

　이런 변화는 언제든 일어날 수 있고 현명한 관리자라면 당황하지 않고 변화에 대비해야 한다. 이전의 법칙에서 계획 B와 C를 세워야 한다는 이야기를 했다. 여기서 말하는 것은 또 다른 이야기다. 어떤 특정한 위기에 대처하는 것 말고 전체적인 게임에서 앞서기 위한 유동성과 유연함에 관한 이야기다. 어떤 변화가 생겼을 때 이를 당신의 일에 활용하라는 의미이다.

일 년에 두 차례나 구조조정을 한 회사에서 일한 적이 있다. 새로운 사람들이 들어올 때마다 회사에는 엄청난 변화가 일어났다. 그들은 '그들만의 방식'으로 일하고자 했다. 첫 번째까지는 좋았지만, 두 번째 구조조정을 했을 때 우리는 숨을 쉴 수가 없었다. 계속 유연하게 대처해야 하는 데서 받는 스트레스를 감당하지 못해서 나가떨어지는 사람들도 볼 수 있었다. 나 역시 그 중 하나였다. 매우 힘든 시기였지만 변화에 저항하는 것은 쓸데없는 짓이었다. 미소를 지으며 받아들일수록, 변화를 책임질 수 있었다. 다른 관리자들이 오크나무처럼 견고할 때 나는 수양버들이 되었다. 구부러지고 흔들리면서 살아남았다. 저항하고 꿋꿋하게 서서 버티던 그들은 부러졌다.

당신도 새로운 미래에 직면할 것이다. 옮기겠는가? 당신의 일, 산업, 역할에 싫증을 느끼는가? 지금 당신에게 흥미로운 것들이 10년 뒤에는 그렇지 않을 수도 있다.

058

머리를 들어라

머리를 낮추고 엉덩이를 들지 말고, 머리를 들고 엉덩이를 내려라.
— 마크 메이너드Mark Maynard, 농구선수

머리 숙인 삶의 자세를 가지기는 쉽다. 항상 즐겁고 자신감을 가지는 것이 어려운 일이다. 당신 잔은 반이나 차 있는가, 아니면 반이나 비어 있는가? 반이나 비어 있는 것처럼 보인다면, 당신은 휴일과 스케줄 조정, 새로운 도전과 직업 혹은 부서를 필요로 하는 것이다. 관리자의 역할이 항상 행복하고 쉬운 것은 아니며 때때로 지치고 실망하고 그만두고 싶어질 수 있다.

관리자가 된다는 것은 생색나지 않은 일을 하는 것이다. 사방에서 당신에게 일을 맡긴다. 밑으로부터 요구를 받는 것과 상부 명령을 받는 것 중 어느 편이 나은지는 모르겠다. 하지만 중간에 끼여서 위아래로부터 업무를 전달받는 일이 가장 힘들다는 것은 확실하다.

머리를 든다는 것은 긍정인 동시에 신체적인 훈련이다. 당신은 신체적, 정서적으로 연습해야 한다. 머리를 들고 거울을 보면서 "난 정말 비참해"라고 말해 보라. 우습다. 반대로도 해 보라. 머리를 숙이고 "난 정말 행복해"라고 말하라. 이 역시 말도 안 되고 멍청한 짓이다.

방에 들어갈 때, 앉아서 회의를 할 때 머리를 들어야 한다. 발표를 할 때에도 머리를 든다. 사람들과 인사를 나눌 때에도, 직원들에게 이야기를 할 때에도, 고객과 상담할 때에도 머리를 들어야 한다. 바쁘고 긴 하루가 끝나고 잠자리에 들 때에야 비로소 당신은 머리를 숙일 수 있다. 그리고 하루 종일 당신이 밝고 용감했다고 생각하며 잠들 것이다.

059

숲도 보고 나무도 보라

어떤 사람들은 나무를 보느라 숲을 못 본다. 나는 숲을 보고 나무도 보며,
마을을 보고 농업용 살충기까지 본다.
— 사이먼 먼너리Simon Munnery, 코미디언

큰 그림을 봐야 한다. 당신이 하는 일이나 부서가 하는 일에만 집중하는 것은 아무 소용이 없다. 조직이 하는 일, 산업에서 하는 일에만 초점을 맞춰서는 안 된다. 항상 더 넓은 시각을 가져야 한다. 훌륭한 관리자는 정치 ― 국내와 세계 모두 ― 와 역사, 국가적인 계획, 세계의 관심사, 법률과 기술 개발 등에 대한 이해를 갖고 있어야 한다.

그렇지만 당신의 팀, 부서, 바로 옆 주변에서 일어나고 있는 세심한 사항들에 대해서도 관심을 가져야 한다.

현명한 관리자는 방심하지 않고 경계하며, 새로운 아이디어와 혁신에 대해 개방적인 마음을 가져야 한다. 숲도 보고 동시에 나무도 봐야 한다.

060

놓아야 할 때를 알아라

당신은 놓아야 한다. 놓아라. 당신이 화난 이유를 안다 해도 더 이상 키우지 마라.
— 카트린 페이버Catherine Faber의 'Let It Go' 가사 중에서

놓아버리는 것, 멈춰야 할 때를 아는 것은 어렵다. 그러나 어떤 프로젝트는 절대 성공할 수 없다. 어떤 팀원들은 결코 그 일을 해낼 수 없으며 어떤 상사와는 절대 함께 일할 수 없다. 훌륭한 관리자는 언제 멈추고, 다시 처리해야 하는지 알고 있다. 이번 원칙은 당신뿐 아니라 빈둥대고 장난치는 모든 사람들에게도 적용할 수 있다.

좋은 관리자는 언제 누 손을 늘어야 하는지 안다. "그래, 내가 망쳤어. 이것은 내 실수야, 항복." 그런 정직함으로 승부한다면 실수가 있더라도 용서받을 수 있다.

그러나 언제 놓아야 하는지를 모른다면, 분노하고 스트레스 받으며

질투와 시샘을 하게 된다. 어깨를 으쓱하고 걸어갈 수 있는 방법을 배우라. 용서하고 잊어버릴 필요는 없지만, 내려놓고 걸어가라.

그냥 놓아버리고, 다가오는 큰일에 집중하라.

좋은 관리자는 언제 두 손을 들어야 하는지 안다. "그래, 내가 망쳤어. 이것은 내 실수야, 항복." 그런 정직함으로 승부한다면 실수가 있더라도 용서받을 수 있다.

061

결정하라
—때로는 그게 틀리더라도

> 당신이 어떤 유형의 사람을 다루는 데 익숙한지 모르겠습니다. 아무도 내가
> 무엇을 해야 하는지 말해 주지 않아요.
> —카렌 알렌Karen Allen, 영화 〈레이더스〉 중에서

자신이 틀렸으면서도 사회 기준에 맞는 결정을 내리는 것에는 반대하는 관리자들은 누구나 싫어할 것이다. 그들은 잘못이 들통 나면 얼버무리고 우유부단하게 굴다가 결국 일을 망쳐 버린다. 두려움이라는 이름 하에 관망만 하고 있는 사람들은 짜증만 날 뿐이다. 그들은 실수할까 봐 결정하기를 미룬다. 하지만 움직이기를 두려워하며 앉아 있는 것보나는 실수하더라도 한번 뛰어보는 편이 낫다.

　당신 결정이 틀린 것으로 판명되었다고 가정해 보자. 하지만 때로는 큰 실수가 좋은 결과를 가져올 수도 있고 정확히 무엇을 하고 있는지 모른 채로 난관을 극복하고 발전하게 될 수도 있다. 이것이 내가 원하

는 관리자의 이상형이다.

무분별하고 성급한 결정이라도 내려야 한다는 이야기를 하는 것이 아니다. 당신이 어떤 결정을 내릴 때는 앞에 있는 증거를 살펴보고 평가하며 주변 사람의 의견을 물어봐야 한다.

이것은 용기에 대한 이야기다. 때로는 틀릴 수 있는 용기, 위험을 감수할 수 있는 용기 말이다.

사실을 정확히 보고, 평가하며, 다른 사람의 충고를 들어야 한다. 그리고 결정해야 한다. 대담하고 역동적인 태도를 가지라.

이것은 용기에 대한 이야기다. 때로는 틀릴 수 있는 용기, 위험을 감수할 수 있는 용기 말이다.

062

미니멀리즘 방식으로
경영하라

정당한 그리고 최소한의 것만을 기대하라. 모든 것을 명확하고 간단하게 설명하는
팀에 의해 운영되는 기업을 찾아라.
만약 경영진이 사업에 대해 쉬운 말로 설명하지 못한다면,
다른 회사로 옮겨라. 만약 '새로 생긴 시장에 지식 기반 가치를
창출했다'는 등과 같은 어려운 문구가 있다면, 누군가 당신을 속이려고 하는 것이다.
— 세스 제이슨Seth Jayson

미니멀리즘은 장황한 기록을 남기는 것이 아니다. 또한 20분마다 메모
를 남기는 것을 의미하지도 않는다. 규칙은 최소한으로 하고 사람들로
하여금 자신의 일을 즐겁게 할 수 있게 하라는 의미이다. 미니멀리즘은
조직의 사명을 쉽게, 매우 명확하고 간단하게 이해시키는 것이다. 관리
자는 전문가를 고용하고 그들에게 업무를 맡겨야 한다. 일일이 확인하
고 평가하거나, 귀찮게 하고 방해해서는 안 된다. 상사가 되었다고 해
서, 모든 것을 조정하려고 해서는 안 된다. 배의 선장이 노를 젓지는 않
는다. 단지 뱃길을 일러줄 뿐이다.

중국 속담 중에 다음과 같은 말이 있다. '작은 물고기를 요리하는 것

처럼 나라를 다스려라.' 작은 물고기를 요리하면서 너무 많이 만지작거리면 산산조각이 날 것이다. 부서, 팀, 회사를 경영하는 데 있어서도 마찬가지다. 부드럽고 신중하게, 조심해서 관리하라.

['작은 물고기를 요리하는 것처럼 나라를 다스려라.']

063

당신의 기념비를 그려보라

첫 번째 런던의 공식 기념비는 1867년에 세워졌다. 총 700여 개의 공식
기념비가 있으며 대부분은 파란 바탕에 하얀 글씨가 쓰인다.
— www.blueplaque.com

당신이 베스트셀러 작가라면 죽은 후에 당신이 태어났거나 자란 곳 혹
은 작품을 쓴 곳에는 기념비가 세워질 것이다. 이 기념비는 당신이 살
아 있는 동안에 훌륭한 일을 했다는 것을 기념하기 위한 것이다. 그러
나 훌륭한 업적을 남기지 못했다면 — 즉, 베스트셀러를 써서 인류 문
학에 이바지하는 등 — 기념비를 세울 수 없다.

경영에 대한 기념비가 있다고 상상해 보자. 당신은 기념비를 세우겠
는가? 당신은 어떤 사람으로, 어떤 상사로 기억되고 싶은가? 상당히 특
이한 경영 스타일을 가진 상사가 있었다. 매일 아침 그는 가장 먼저 눈
에 띄는 사람을 호되게 꾸짖었다. 그리고 사무실에 가서 삼십 분 정도

커피를 마신 후에는, 다시 걸어 나와서 눈에 띄는 사람을 칭찬하는 것이었다. 이유를 묻자 "사람들을 긴장시켜야 한다. 그러기 위해서는 예상을 벗어나야 한다"고 대답했다.

이 사람은 내가 본 사람 중 최악이다. 하지만 그는 여전히 이렇게 행동하고 있으며 같은 회사에서 근무중이다. 직급 상승은 물론 없었다. 나는 그 회사의 제품을 구입하지 않으며 가지도 않는다. 앞으로도 그럴 것이다.

기념비를 세우고 싶다. 정말 영원히 기억될 수 있는 훌륭한 관리자로서 기념비를 갖고 싶다라는 희망을 가지라. 그것이 팀과 목적 달성, 기준을 세우는 데 도움이 되기를 바란다.

064

원칙을 가지고 소신 있게 지켜라

> 제안을 받고 많은 생각을 했습니다. 하지만 TV 쇼에 골동품을 소개하는 것은
> 그 프로그램을 시청하는 8만 시청자에게 오해를 살 수 있으므로 그 제안을
> 받아들일 수 없습니다. 나는 골동품 사업에서 30년 동안 일해 왔습니다.
> TV쇼에서 선보인 그 품목이 우리 상점에 진열되고 판매된다면
> 그동안 쌓아온 내 평판은 손상될 것입니다. 그래서 나는 쇼의 배경으로
> 내 가게가 나오는 것을 거절하는 것입니다. 당신의 쇼가 성공하기를 기원합니다.
> ―방송국 출연을 거절하는 골동품 전문가의 편지 중에서

당신은 원칙을 세워야 한다. 그렇지 않으면, 스스로를 경멸하게 되거나 빚더미에 앉게 되거나 감옥에 가게 된다. 넘지 않아야 할 선이 있어야 한다.

당신의 원칙은 무엇인가? 하기 싫은 일, 즐겁지 않은 일을 하라고 요구받은 적이 있다. 극도로 지루한 일을 하라고 요구받기도 했지만 내가 정해 놓은 선을 넘으라는 요구에는 항상 "아니오"라고 말하고 그것을 고수할 수 있었다. 그리고 그때마다 오히려 격려를 받았다.

065

직관을 따르라

때때로 당신은 직감을 따라야 한다.
— 빌 게이츠Bill Gates

만약 이것이 빌 게이츠에게 유용한 것이라면, 다른 사람 모두에게도 유용할 것이다. 마음 깊은 속에서는 언제 당신이 옳고 그른지를 알고 있다. 물론 내면의 소리를 무시할 수도 있지만, 만약 그렇게 되면 문제가 될 것이다. 내면의 직관이 언제나 크고 분명하게 들리지는 않는데 그소리가 분명하게 들릴 때에도 우리는 종종 이것을 따르지 않는다. 문제는 이 직관이 감정의 소리와 섞이게 되는 것인데, 본능 혹은 직감이라고 생각하고 따른 것이 사실은 두려움이나 질시 같은 다른 감정일 수있다.

당신이 도입하려고 하는 새로운 시스템을 누군가에게 설명할 때, 그들이 긍정적임에도 불구하고, 당신은 사람들의 반응이 이상하고 냉담하다고 느껴서 마음에 담아 두게 된다. 시간을 가지고 왜 그런지 생각하라. 다른 사람에게 이것에 대해 이야기하고 또 그런 일이 생기면 잘 살펴보라. 계획에 대해 다시 살피고 여러 관점으로 보라. 여전히 확신하는가? 당신이 별로라고 느낀 제안서나 결정에 대해 다시 생각하지 못할 만큼 자만하거나 게으르지 말라.

이전에 했던 좋은 혹은 나쁜 결정들을 보라. 그 당시에는 그 결정에 대해 어떤 느낌을 가졌는가?

직감을 발전시키는 방법은 배우기 힘들지만, 만약 어떤 것에 대해 어떻게 느끼는지에 '귀 기울이는' 습관을 가진다면, 당신의 레이더는 나아질 것이다.

066

독창성을 가지라

> 모든 사람들은 독창적 능력을 가지고 태어나지만, 소수만이 그것을 깨닫는다.
> 수평적인 사고란 기존의 친숙한 생각의 틀을 벗어나서 새로운 가능성에 대해
> 생각하는 것을 말한다. 이것이 독창성을 발전시키는 하나의 열쇠이다.
> ― 로이드 킹 Lloyd King

좋은 관리자는 팀원들이 필요할 때 의지할 수 있는 창조적인 기술을 가지고 있다. 독창성을 가지라는 것은 어떤 문제를 해결하기 위해 새롭고 다른 방법을 찾으라는 말이다.

대부분의 창조적인 기술은 의식과 사고를 바꾸고 마음의 더 본능적인 부분을 사용할 때 가능하다. 그 부분은 보통의 방법으로는 익히거나 구하기 어렵다. 이것은 자는 동안이나 명상하는 동안 창의적인 사고 기술을 통해 향상시킬 수 있다.

당신이 존경하는 다른 관리자들이 하는 것을 지켜보라. 그들은 아마 창조적인 기술을 비축하고 있을 것이다. 마음에 드는 것이 있다면, 몇

개 슬쩍 하는 것도 방법이다. 현명한 관리자들이 어떻게 행동하고 생각하는지 지켜보라. 별나게 보이는 것을 두려워하지 마라 ― 결국 가장 좋은 아이디어는 꿈에서 얻을 수 있을 것이다.

독창성을 가지라는 것은 어떤 문제를 해결하기 위해 새롭고 다른 방법을 찾으라는 말이다.

067

정체하지 말라

관리자의 업무는 안정을 유지하고 현실을 다루는 것이다. 리더의 업무는
감정을 일으키고 대담하고 웅대한 목표를 세우는 것이다. 지나친 관리는
조직을 정체시키며 진전이 없게 한다.
균형을 잡으면 결과는 생각했던 것보다 나을 것이다.
—The Management and Leadership Network

당신은 리더인가 관리자인가? 정말 훌륭한 관리자는 리더이기도 하다.
그들은 사람들을 고무하고 동기를 부여하며, 격려한다. 사람들을 불꽃
에 달라붙는 나방처럼 자신에게 끌리게 한다. 카리스마를 지닌 그들은
열정적이고 나름의 스타일이 있다. 실제 그들은 리더이기도 하고 관리
자이기도 하다. 훌륭한 관리자는 기꺼이 변화하고, 새로운 도전 과제를
찾으며, 새로운 방식을 찾고 팀원을 흥미로운 방식으로 고무시킨다.

때때로 오늘의 작업량, 내일 회의, 다음 주에 제출할 보고서를 넘어
더 먼 곳까지를 본다는 것이 어렵다는 것을 알고 있다. 그러나 앞으로
움직이지 않으면 정체할 것이다. 매일 혹은 매주, 혁신적인 방법을 생

각할 시간을 마련하라. 단 30분이라도 좋다. 그렇지 않으면 하루하루가 지루하고 단조로울 것이다. 당신은 관리자이지만 동시에 혁신가이고 자극하고 고무하는 사람이 되어야 한다.

만약 사람들이 당신을 그저 가구의 일부분같이 여긴다면 열심히 노력하여 그런 이미지를 털어내야 한다. 변화를 두려워하지 말고 조금씩 바꿔 나가라.

훌륭한 관리자는 기꺼이 변화하고, 새로운 도전 과제를 찾으며, 새로운 방식을 찾고 팀원을 흥미로운 방식으로 고무시킨다.

068

유연성을 가지고 앞으로 나아갈 준비를 하라

대체할 수 없는 사람이 되지 마라. 만약 대체될 수 없다면, 승진할 수도 없다.
―무명 씨

앞으로 나아가야 할 때가 올 것이다. 기회를 찾기 위해 주의를 기울이라. 장기적인 계획을 세우라. 그 계획이 '은퇴할 때까지 이곳에 머무르자' 따위의 내용은 포함하고 있지는 않을 것이다. 그리고 먼 지평선을 바라보라.

훌륭하고 환상적인 관리자가 된다는 것은 종종 당신이 주목받고 스카우트 제의를 받을 수도 있다는 것을 의미한다. 스카우트될 준비를 하라. 당신이 다른 곳으로 옮겨야 한다는 의미는 아니지만 제안에 대해 개방적인 자세를 가지라.

준비를 하고 다른 길로 갈 수 있게 대비하라. 좋은 기회를 위해 준비하라. 장기적인 계획에 이직이 포함되어 있다면, 떠나라.

당신이 팀원을 버렸다고 죄책감을 가져야 하는가? 그렇지 않다. 경력을 갖고 자리를 옮기는 것은 필요한 일이다. 모든 직원들이 내가 옮기는 것을 보면서 놀랐지만, 마치 그곳이 어둡고 위험한 곳이었던 것처럼 시원하게 떠난 적이 있다. "이탈자"라는 말을 듣는 것이, "가고 나니 속이 시원하군" 같은 말을 듣는 것보다 낫다.

069

행동 목표를 기억하라

행복하고 만족스럽고 희망에 찬 사람은, 일에서 최선의 것을 성취하고
삶에서도 최선의 것을 얻는다. 많은 사람들이 악어 같은 장애물을 만남으로써
스트레스를 받는다. 하지만 이런 장애물을 어떻게 다루느냐는
당신에게 달려 있고 그것에 따라 성과가 좌우된다.

— Get Ahead; Give a Damn

행동의 목표가 무엇인가? 앞서 나온 RULE 48의 '주주들에게 이윤을 남
겨주기 위해서'가 답이라고 생각하겠지만, 내가 원하는 대답은 그것이
아니다.

엉덩이가 악어에게 물려 있을지라도, 당신의 목표는 오로지 습지에
서 물을 빼는 것이라는 점을 기억하라. 습지 배수 공사에는 많은 목표
가 있다. 그것은 당장 다음에 닥칠 일일 수도 있고, 다음 예산을 짜는 일
일 수도 있으며, 평생에 걸친 장기적인 일일 수도 있다. 어떤 경우에는
당신의 동료, 고객, 상사, 직원 혹은 가족이 당신을 방해하는 사람일 수
도 있다. 하지만 이런 사람들은 늘 있기 마련이다.

이것은 주변의 말도 안 되는 것들 때문에 한눈을 팔 것에 대해 경고하는 규칙이다. 언제나 목표에 초점을 맞추고 주의를 기울이라.

엉덩이가 악어에게 물려 있을지라도, 당신의 목표는 오로지 습지에서
물을 빼는 것이라는 점을 기억하라.

070

그 누구도 여기 있어야만
하는 것은 아니다

성공에는 공식은 없지만, 실패에는 공식이 있다.
— 맨 레이|Man Ray, 미술가, 사진가, 조각가

한때 매우 유명한 관리자와 일한 적이 있다. 밥은 더 이상 우리와 함께 하지 않지만, 그가 가르쳐준 것 모두를 기억하고 있다. 그는 우리들 중 하나였다. 그는 사려 깊고 효율적이며 열심히 일하지만, 알고 보면 어느 누구도 아닌 자신만을 위해 일하는 사람이었다.

그은 개인주의자였고, 순응하지 않는 사람이었으며, 이단자였다.

물론 그는 자신의 업무를 훌륭하게 수행했지만, 어떤 면에서는 반역자였다. 나와 그는 관리자 훈련 코스를 같이 들은 적이 있다. 그는 거기서 좋은 성적을 거두지 못했고, 나는 눈에 띄게 좋은 결과를 얻었다. 그렇지만 누가 승진했을까? 밥이었다.

그렇다면 우리는 왜 지금 여기 있는가? 밥은 '누구도 이 자리에 있어야만 하는 것은 아니다'라고 말하곤 했다. 말 그대로다. 우리 중 누구도 반드시 이곳에 있어야만 하는 것은 아니다. 원하면 언제라도 그만 둘 수 있다. 이곳에 있는 것은 우리의 선택이다. 우리는 이곳을 선택했으며, 언제든 다른 선택을 할 수 있다. 만약 지금 상황을 즐길 수 없다면 이곳을 선택하지 말아야 한다.

기본적으로 밥이 항상 강조한 것은, '그만 불평해. 즐기지 못한다면 떠나'라는 말이었다. 잘못된 선택을 해서는 안 된다고 이야기하는 것이 아니다. 다만 문제가 해결될 수 없다면 놓아버리고 나갈 수 있는 방법을 배우란 것이다. 즐겨라. 그렇지 않으면 이 일을 할 수 있는 다른 사람에게 자리를 내어주고 떠나라. 당신만이 반드시 이 자리를 지켜야 하는 것은 아니다.

[그만 불평해. 즐기지 못한다면 떠나.]

071

집으로 가라
―가정에 최선을 다하라

> 많은 관리자는 바쁜 바보가 되어가고, 장시간 일하는 것과 열심히 일하는 것을
> 혼동한다. 하루에 15시간 일하고 아이들 이름까지 잊어버리면, 최선을 다해서
> 엄청나게 열심히 일한다고 생각한다. 그러나 나와 함께 일한 최고의 관리자는
> 오후 5시 반 이후에 일한 적이 없는 사람이다.
>
> ― 캐스피언 우즈Caspian Woods

나와 함께 일한 또 다른 관리자는 일찍 일어나고, 점심도 거르고 일하며, 밤늦게까지 일하곤 했다. 누가 그를 제치고 승진했을까? 바로 밥이다.

밥이 가장 좋아하고 늘 고수하던 방침은 '집에 가라. 가족들이 당신을 잊어버리기 전에 돌아가서 가정을 돌보라. 아니면 그들에게 당신의 사진을 보내든지' 이다. 당연히 나는 집으로 갔다. 밥 역시 마찬가지이다. 사실 그는 직장에서 그다지 많은 시간을 머무르지 않았다. 그렇다면 그가 성공할 수 있었던 비밀은 무엇인가? 나를 포함한 팀원들이 그를 위해 일했다. 우리는 최선을 다했고 그를 실망시키지 않기 위해 노력했다. 그는 좀처럼 보지 못한 방식으로 팀원의 충성심을 고무했다.

우리로 하여금 성장하고 있으며, 신뢰받고 존중받는다는 느낌을 받게 했다. 그는 절대로 소리치거나 화내거나 무리한 요구를 하지 않았으며, 카리스마 있으면서도 매력적이고 시원시원하며 편안했다.

그는 자신의 성공 비밀이 가정이라고 했다. 밥은 가족을 위해 일했다. 자녀를 사랑했으며, 일하는 것보다는 가족과 함께 있는 시간을 즐겼다. 가족에 대한 그의 사랑은 눈에 보였고 화목한 가정에 대한 자랑스러움이 묻어났다. 그는 아이들과 아내에 대한 이야기도 많이 했다.

그는 결코 늦게까지 일하지 않았는데 그건 자신에게 소중한 가족들에 대한 예의가 아니라고 생각해서였다. 밥은 안정적이고 균형 잡힌 사람이었다. 정말 이상한 사람들과 일하면서 발견한 그들의 공통점은 가정생활이 좋지 않다는 것이었다. 친구들이여, 집으로 가라.

072

계속 배우라
─특히 적으로부터

> 21세기의 무지한 자는 읽고 쓰지 못하는 사람이 아니라, 배우지 못하고 배우려
> 하지 않으며 더 이상 배우기를 거부하는 사람이다.
> ― 앨빈 토플러Alvin Toffler

경쟁자가 앞질렀을 때 화를 내는 관리자를 본 적이 있다. 혹은 그들이
부당하게 훔쳐간 주문에 대해, 그 불공평함에 대해 불평하는 관리자를
본 적이 있다. 하지만 나를 믿어라. 만약 경쟁자가 당신의 아이디어, 고
객, 계약, 판매, 직원 등을 훔쳤다면 당신은 자신을 제외하고는 누구도
비난할 수 없다. 그리고 다음에 더 잘할 수 있는 방법을 배울 수 있는 기
회라고 생각하라.

경쟁자보다 더 많은 것을 가르쳐줄 수 있는 사람은 없다. 그들이 하
고 있는 일이 무엇인가? 그들로부터 배울 수 있는 점은 무엇인가? 어떻

게 그들과 겨룰 수 있는가? 그들보다 더 큰 시장을 장악할 수 있으려면 어떻게 해야 하는가?

경쟁자가 무엇을 하는지 확인하는 데 시간을 투자하라. 경쟁자를 더 많이 알기 위해 ― 그리고 그것을 공유하는 데 ― 시간을 쏟아라. 만약 다섯 명의 경쟁자가 있고 그들과 아는 것을 공유하고 싶다면, 당신이 하는 일 중 일부분에 대해 그들에게 알려야 한다. 그 대신 다섯 명의 경쟁자들로부터 아이디어와 정보, 연구 결과 등을 제공받을 수 있다. 경쟁자를 두려워하지 마라. 포용하라. 그럼으로써 시장을 성장시킬 수 있다. 배울 수 있는 기회를 얻을 수 있고, 늘 긴장을 풀지 않게 된다.

경쟁자를 두려워한다면, 그것은 당신의 무능력 때문일 것이다. 당신이 정말 두려워해야 할 것은 바로 그 무능력이다. 잘 해내고 있다면 누구도 당신을 건드릴 수 없다.

073

열정적이고 용감해지라

나는 언제나 다른 경험을 찾고 자신의 예술에 대해 열정적인 람세이 스타일을
사랑한다.
─영국의 유명한 요리사 고든 람세이Gorden Ramsey의 팬

만약 일에 대해 열정적이지 않다면, 무엇에 열정을 쏟을 것인가? 잠자
는 시간을 제외하고는 직장에서 가장 많은 시간을 보낸다. 그렇다면 하
고 있는 일에 열정을 가져야 한다. 이성에 대해서 열정을 지니겠지만,
그것은 직업만큼 지속되지 않는다. 먹는 것에 열중해 있겠지만, 그래
봐야 하루에 세끼 먹을 수 있을 뿐이다. 일은 계속된다. 당신의 삶과 가
족, 휴일에도 엄청난 애정을 쏟는다. 그러면서 많은 사람들은 일을 하
기 싫고 자질구레한 것, 싫지만 해치워야 하는 것으로 여긴다. 당신도
그렇게 여긴다면 그냥 집에 있어라. 일에 대해 열정적일 수 있는 사람
에게 자리를 내주라.

나는 일을 처음 시작할 때 앞으로 종사하게 될 사업에 대한 내용을 미리 읽었다. 산업의 역사와 유명한 사람들, 이를 둘러싼 법률은 어떻게 제정되었는지, 어떤 관습이 있는지 등을 읽었다. 나는 내 직업에 있어서 사실과 정보, 역사에 대해 모르는 것이 없었다. 그리고 다른 사람들이 얼마나 아는 것이 없는지에 놀랐다. 나는 일에 대해 열정을 가지고 있었지만 아무도 그렇게 보이지 않았다. 자신이 하고 있는 일에 대해 관심 있는 사람들도 소수에 불과했다.

열심히 하면 용감해질 수 있다. 용감해진다는 것은 위험을 감수할 수 있다는 의미이다. 그리고 위험을 감수한다는 것은 성과를 가져온다는 뜻이다. 항상 그런 것은 아니지만 당신이 명성을 얻을 만큼 충분히 말이다.

열심히 한다는 것은 당신이 하고 있는 일에 대해 주의를 기울인다는 것이다. 지속적으로 흥미를 가지고 열정을 가지라. 당신이 하는 일이 변화를 만든다. 돈이나 지위에 관한 말이 아니다. 사람들의 삶과 환경과 사회에 기여할 수 있다는 이야기다. 열정이 없다면, 당신은 무엇인가? 열정을 지녔다면, 무엇에 대해서인가? 지금 열정이 없다면, 언제 가질 것인가?

074

최악의 경우를 대비하되
최고의 상황을 희망하라

만약 당신이 황폐한 미개지에 간다면, 자신과 일행에 대해 책임을 져야 한다.
당신에게는 여러 가지가 요구된다. 훌륭한 판단력, 상식, 경험과 리더십
등이다. 예상치 못한 일이 벌어질 수도 있다. 준비하고 각오하라. 등산을 할
때는 언제나 작은 천막을 챙겨라. 그곳에서 밤을 지새울 수 있게 준비하라!
최악의 경우를 대비하되, 최고의 상황을 희망하라!

— 팀 드리스켈Tim Driskell, 등반가

항상 작은 천막을 준비하리라고 기대하지는 않지만, 언제나 최악의 경
우에 대비하기를 바란다. 당신에게 있어서 최악의 시나리오는 무엇인
가? 규모가 큰 주문을 놓치는 것? 판매 실적의 폭락? 전국적인 반란? 테
러리스트의 공격? 어떤 것이든 준비하지 않는다면 당신의 상황에 혼란
을 가져올 것이다.

이런 뜻밖의 사고에 대한 당신의 계획은 무엇인가? 생각해 보라. 비
상사태에 대한 계획, 위기 대처의 절차, 대체 가능한 인력과 자원 등을
가지고 있어야 한다. 계획을 세울 필요가 있다. 지금 당장은 이런 계획
이 필요하지 않을 수 있다. 운이 좋으면 이 같은 계획이 끝까지 필요 없

을 수도 있다. 하지만 계획은 세워 놓아야 한다.

이제, 당신은 소망할 수 있다. 나쁜 일들이 일어나지 말기를 소망하라. 영원히 햇빛이 빛나기를 소망하라. 내가 일하는 회사가 폭탄으로부터 위협받는다면 어떻게 대처할 것인지에 대한 질문을 받은 적이 있다. 나는 '그것이 장난이기를 희망한다'라고 대답해 그들을 웃게 만들었지만 점수를 얻지는 못했다. '대처방안은 무엇인가'라는 질문에는 '폭탄 하나를 제거한다'고 답했고, 반 정도의 점수를 회복했다. 계획을 세우라. 그리고 희망하라.

075

당신이 회사 편이라는 것을 알려라

> 오늘날 세상의 문제는 사람들이 지나치게 이야기를 많이 하고 생각을 안 한다는 데 있다.
> 사람들은 생각 없이 충동적으로 행동한다. 나는 언제나 말하기 전에 생각한다.
> ─마가렛 체이스 스미스Margaret Chase Smith, 여성 최초로 상하원 모두에 선출된 의원

당신이 회사 편이라는 것을 보여주기 위해서 할 수 있는 일이 몇 가지 있다.

- 자사 주식을 사라.
- 회사에서 발행하는 사보를 읽어라 ─ 꾸준히 읽고, 잘못된 내용을 알려주라.
- 회사의 목표를 지지하라.
- 흥미를 보여라.
- 질문하라.

- 회사에 대한 관심을 여러 방식으로 알리라.

- 회사를 위해 기여할 수 있는 부분을 먼저 생각하라.

- 회사의 상품이나 서비스를 사용하라.

- 회사의 장점에 대해 이야기하는 연습을 하라.

- 회사의 사명이나 철학을 알아라.

- 역사를 알아라 — 창립, 합병과 인수 등.

- 회사의 사회적 위치나 지역 사회를 위해 하는 일 등을 알아라.

어떤 상황에서도, 회사에 대해 좋지 않은 말을 해서는 안 된다.

내가 제시한 내용에 대해 의문을 가질 수도 있다. 하지만 만약 당신이 상투적인 말을 하고 진심을 담아 이야기하지 않으면, 사람들은 그것이 연기이고 당신은 회사의 볼모일 뿐이라는 것을 알아챈다. 당신이 자신 있고 강하게 이야기하면 상황은 다를 것이다. 솔직하고 진심을 담아 회사를 칭찬하라.

'만약 내가 회사에 대해 좋지 않게 느낀다면 어떻게 해야 합니까?' 그렇다면 떠나라. 이것은 상호 작용이다. 그들은 당신을 고용했고, 당신은 그들을 위해 일한다. 당신과 그들은 서로 주고받는다. 만약 이 같은 관계에서 당신이 행복하지 않다면, 떠나서 다른 회사를 찾아야 한다. 당신은 회사를 사랑하고 관계에 대해 생각해야 할 필요가 있다.

076

상사를 험담하지 마라

보스를 죽이라고? 감히 아메리칸 드림에서 빠져 나오라고?
— 호머 심슨Homer Simpson

상사가 세상 물정을 모르는 바보라 더 이상 참을 수 없어서 만나는 사람들마다 붙잡고 험담을 한다. 옳은 일일까? 그렇지 않다. 어떤 상황에서도 상사를 험담해서는 안 된다. 절대로! 전 직원이 상사의 무능함에 대해 알고 있고 당신에게 자꾸 그 사실을 확인시킨다. 그들에게 동의해야 하는가? 아니다. 당신은 그러면 안 된다.

상사는 상사다. 상사가 그렇게 지겹고 참을 수 없다면, 더 이상 그 밑에서 일하지 않으면 된다. 계속 일하기로 결심했다면 그건 당신 선택이다. 견디고 참으며 지지해야 한다. 참기 힘들면 그를 변화시키는 것도 당신 몫이다. 그가 당신을 신뢰하게 하라. 당신에게 업무와 책임을 위임하게 하라. 하지만 거쳐야 할 단계가 있다.

당신이 뒤에서 하는 험담이 상사의 귀에 들어갈 수도 있음을 유념하라.

술주정뱅이인 상사와 일한 적이 있다. 누군가가 그에 대해 본사에 이야기했고, 진실 규명을 위해 사람이 파견되었다. 나를 포함한 열 두 명의 중간 관리자는 그의 행실에 대한 질문을 받게 되었다. 나는 진술을 거부했으며 아무 말도 하지 않았다. 일 년이 지난 후 내 상사와 나는 남았지만, 11명의 관리자들은 떠나야 했다. 좋게 말할 수 없다면 입을 다물어라. 어떻게 그가 살아남았을까? 그는 분명 자리에 걸맞은 영향력과 힘을 가지고 있었다. 나는 어떻게 살아남았는가? 모르겠다. 그는 나를 믿었고, 나는 계속해서 묵묵히 일했다. 상사의 행실이 나에게 나쁜 영향을 미치지는 않았다.

077

팀에 대해 험담하지 마라

다른 사람이 그들 자신이 보는 것처럼 묘사하는 것은 기술이다.
— 엘리노어 새피Eleanor Chaffee

회사와 상사에 대해 험담하면 안 된다고 했다. '그렇다면 팀에 대해 비판할 수는 있습니까?' 그것도 안 된다. 혼자 자기만의 방에서, 아무도 없을 때, 자기 혼자 들을 수 있을 정도로만 조그맣게 이야기한다면 모르지만 말이다.

자신의 도구가 마땅찮은 사람은 정말 안 된 사람이다. 팀은 업무를 수행하기 위한 일종의 도구이고 수단이다. 팀이 쓸모없다면, 연장을 갈고 닦으며 살피고 기름칠하지 않은 당신 탓이다.

팀은 당연히 실수할 수 있다. 일이 잘못될 수도 있다. 당신은 사람들을 다룬다. 그들은 때때로 일을 그르치고 감정적이며 당신을 실망시킬 수 있다. 이런 상황을 예상하고 대비하지 못했다면 당신이 바보인 것이다. 일이 잘못되어가고 있을 때, 팀을 비난하고 험담하는 것은 아무런 소용이 없다. 느끼고 배우라.

당신은 '조직을 비전과 전략적인 목표에 좀더 근접시킨 사람에 대해 공개적으로 축하' 해야 한다. 팀의 부정적인 점에 초점을 맞추는 것은 좋지 않다. 칭찬은 그들을 엄청나게 향상시키는 경험이 될 것이다.

자신의 도구가 마땅찮은 사람은 정말 안 된 사람이다. 팀은 업무를 수행하기 위한 일종의 도구이고 수단이다. 팀이 쓸모없다면, 연장을 갈고 닦으며 살피고 기름칠하지 않은 당신 탓이다.

078

상사의 말도
틀릴 수 있음을 받아들여라

사업가를 묘사하는 것은 쉬운 일이다. 잔인하거나 무능력한 것보다는 부드럽고
온화한 것이 보다 자연스럽게 떠오른다.

― 존 클리즈John Cleese

당신이 일을 잘한다고 해서 다른 모든 사람들도 다 잘한다는 의미는 아니다. 어떤 상사는 무능하고 쓸모없겠지만 어쩔 수 없는 일이다. 때로 그가 정말 이상한 업무 지시로 당신을 괴롭힐 수도 있을 것이다. 완전히 틀린 이야기를 할 때도 있을 것이다. 그럴 때 당신은 어떻게 해야 하는가? 여러 가지 방법이 있다.

- 거절한다.
- 떠난다.
- 인사부에 조언을 구한다.

- 다른 관리자들에게 조언을 구한다.
- 상사의 상사에게 조언을 구한다.
- 당신의 걱정과 염려를 글로 쓴다.
- 그저 투덜댄다.
- 받아들이고 기쁜 마음으로 한다.
- 상사에게 잘못된 부분에 대해 이야기한다.

　우선 상사에게 가서 개인적으로 이야기를 시작하라. 얼굴을 마주보고 커피나 한잔 마시면서 가벼운 수다처럼 말이다. 그의 지시와 관련해서 당신이 생각하고 있는 바를 말하라. 절대 그를 공격하거나 기분 상하게 해서는 안 된다. 상사와 그의 지시에는 아무런 문제도 없지만, 당신이 받아들이기가 편하지 않다는 식으로 말하라. 그가 계속 자신의 지시 내용을 고수하고자 하면 더 이상 당신 입장을 우기지 말라.

　때때로 상사가 자신이 무슨 일을 하고 있는지 모르면서 입장을 바꾸려고 하지 않을지라도, 참고 받아들여야 한다. 그렇지 않으면, 간단하게 거절하고 떠나라. 이 법칙은 때로는 그런 것들을 받아들여야 한다는 말을 하고 있다.

079

때로는 상사도 당신만큼
두려워할 수 있다

맨 앞에서 이끄는 개가 아니라면, 풍경은 절대 변하지 않는다.
―범퍼 스티커

그는 지나치게 겁에 질려 있고, 두려워하며 혼란스러워한다. 당신은 그
를 고통과 두려움으로부터 구하고, 안정시켜야 한다.

당신은 관리자이고 부하 직원일 뿐 아니라 상사를 관리해야 할 책임
이 있다. 상사를 다룰 때에는 절대로 하지 말아야 하는 일이 있다.

- 위협
- 권리 침해
- 겁주는 일
- 압력을 가하는 일

- 협박

- 경시 혹은 경멸

- 명예 손상

- 조롱

대신 그를 지지하고 후원하고 격려하며 기운을 북돋아 주어야 한다. 어떤 상사들은 두려움 때문에 결정을 내리지 못한다. 당신은 그들을 대신하여 판단을 하고 결정을 내리며, 모든 것이 잘될 것이라고 안심시켜야 한다. 그들을 방어하고, 지지하고, 격려하고 위반하다 보면, 결국 당신이 그들을 대신하게 될 것이다

080

생각을 구속하지 마라

지나치게 엄격한 확신을 가지고 있는 사람이 가장 준비되지 않은 사람이다.
— 와트 웨커Watts Wacker, 짐 테일러Jim Taylor, 하워드 민스Howard Means,

주변 상황을 제대로 보지 못한다면, 혁신적이고 창의적인 관리자가 될
수 없다. 지나치게 일에 몰두하다 보면 스스로 용기를 북돋우고 동기를
부여할 수 있다는 사실을 잊게 된다. 팀원이 새로운 아이디어를 제시해
도, 관료제와 시스템 등과 싸우는 것에 지친 나머지 그저 "안 돼요"라
고 말한다. '안 된다'는 말 뒤에는 "나 좀 그냥 내버려 둬요. 나는 너무
바쁘고, 스트레스 받고, 참을 수 없어서 아무 생각도 할 수 없어요"라는
이야기가 생략되어 있다.

　우리는 속박과 구속으로부터 벗어날 필요가 있다. 다른 방법을 고려
하고 '왜 안 되지?' 혹은 '이것을 하면 어떻게 될까?'에 대해 생각할 필

요가 있다. 스트레스와 일에 억눌리지 마라.

틀에 박힌, 생각에서 벗어나는 쉬운 방법은 ─ 당신 업무와 부서를 처음 마주하는 외부인이 되어 보는 것이다. 고객 관점에서 당신이 하고 있는 일을 살펴보라. 이해가 되는가?

사소한 부분에 묶여 신선한 관점으로 바라보는 데 실패하기 쉽다. 하지만 훌륭한 관리자가 되고 싶다면, 새로운 관점에서 보려고 노력하라. 즉, 새로운 아이디어와 제안, 개념을 받아들이라는 의미이다.

'안 된다' 는 말 뒤에는 "나 좀 그냥 내버려 둬요. 나는 너무 바쁘고, 스트레스 받고, 참을 수 없어서 아무 생각도 할 수 없어요" 라는 이야기가 생략되어 있다.

081

그들 중 하나인 것처럼
말하고 행동하라

> 어머니는 항상 '만약 네가 군인이 된다면, 장군이 되라. 종교인이 된다면, 교주가
> 되라' 고 말씀하셨다. 대신 나는 화가가 되었고 피카소가 되었다.
> — 파블로 피카소Pablo Picasso

자, 당신이 실제 그들 중 하나가 되고 싶다면, 연습을 해야 한다. 만약 당신이 초급 관리자라면 중간 관리자가 걷고 말하는 방식을 배우고 중간 관리자가 되는 연습을 해야 한다. 만약 중간 관리자라면 이미 고급 관리자인 것처럼 행동하고 말해야 한다.

처음 회사 관리자가 되었을 때, 나는 이 규칙을 잊고 있었고 영업은 생각처럼 되지 않았다. 나는 영업망을 관리하고 있었는데 적당한 사람을 찾을 수 없었다. 그러나 잊고 있던 이 규칙이 생각나 그것을 적용하자 이전까지 닫혀 있던 문이 열렸고 영업 실적도 내 기대치를 넘어섰다.

임원이 되고 싶다면 지금부터 연습을 시작하는 것이 좋다. 윗사람이 행동하는 방식을 살펴보라. 전화를 받고, 직원에게 이야기하는 방식, 옷 입는 방식, 그들이 일하는 곳과 일하는 방식을 지켜보라.

나는 최근 큰 기업의 경영자를 만나 그가 직원을 대하는 친절한 태도에 감명받았다. 그런 태도는 협상을 시작하기 전까지였는데, 협상이 시작되자 바로 업무에 충실하며 사실과 근거에 정통한 전문가적인 모습을 보였다. 그는 내 다음 단계이기 때문에 그를 자세히 지켜봤다. 그는 내가 꿈꾸는 미래의 '그들 중 하나'였다.

> 만약 당신이 초급 관리자라면 중간 관리자가 걷고 말하는 방식을 배우고 중간 관리자가 되는 연습을 해야 한다. 만약 중간 관리자라면 이미 고급 관리자인 것처럼 행동하고 말해야 한다.

082

부하와 상사의 견해에 대한 당신의 이해를 보여주라

> 적에 대한 예의와 그들의 견해를 이해하고자 하는 열의는 비폭력의 시작이다.
> ─마하트마 간디Mahatma Gandhi

부하 노릇을 하는 것 ─ 우리는 모두 겪어봤거나, 겪고 있기 때문에 알고 있다 ─ 은 매우 힘들다. 많은 사람들이 종종 당신을 화나게 하고 여러 가지 주문을 한다.

하지만 관리자라고 해서 더 좋을 것은 없다. 모든 직원들로부터 비난과 혹평을 받음과 동시에 상사의 명령을 받아야 한다. 당신은 더 이상 부하직원도, 상사도 아닌 것이다. 중간에 끼어서 위아래로부터 지시와 명령을 받는다.

이런 압력으로부터 자유로울 수 있는 가장 좋은 방법은 당신이 그들을 이해하고 있다는 사실을 보여주는 것이다. 정말로 그들의 필요와 욕

구, 불평 등을 이해한다는 사실을 알 수 있게 해야 한다.

어쩔 수 없이 상사 편에 서야 하는 경우가 있다. 당신은 이것이 옳다고 생각하겠지만 부하직원들은 이에 분노할 것이다. 이때가 그들이 느끼는 점을 말하게 하고 그들을 이해하는 당신 상황을 설명하며 상사의 입장을 이야기할 수 있는 좋은 기회이다.

정말 좋은 관리자라면, 부하들이 인지하고 있는 것에 대해 상사에게 설명할 수도 있다. 당신은 이들 사이의 연결 통로 역할을 할 수 있다.

> 당신은 더 이상 부하직원도, 상사도 아닌 것이다. 중간에 끼어서 위아래로부터 지시와 명령을 받는다.

083

물러서지 마라
―당신 입장을 고수할 준비를 하라

인생의 악역이 누구든지, 그들과 직면하는 것을 두려워 마라.
― www.effectivemeetings.com

당신이 옳다고 확신하는 때가 있다. 이럴 때 멈춰야만 한다. 멈추고 입을 다물어야 한다. 당신이 믿고 있는 것을 위해 싸울 준비를 해야 한다. 당신이 하는 일에 열정을 가지고 있다면, 옳다고 믿고 있는 것을 옹호하는 일은 그리 어렵지 않다.

공격적일 필요는 없다, 단호하기만 하면 된다. 만약 당신이 겁먹었다면, 크고 분명하게 말하라.

무례할 필요는 없다. 자신감만 가지라. 누군가 당신 혹은 당신 팀, 당신 행실에 대해 사실이 아닌 루머를 퍼뜨리고 다닌다면, 그들의 목덜미를 잡아라. 그리고 분명히 말하라. "당신이 그렇고 그런 루머를 퍼뜨리고 다닌다는 이야기를 들었습니다. 그것은 사실이 아니며 그런 행동을 그만했으면 좋겠습니다."

화낼 필요는 없으며 자기 자신에 대해 확신을 가지면 된다. 만약 누군가가 당신이 제안한 것에 대해 결점을 찾는다면, 단념하지 말고 입장을 고수해야 한다. 그리고 "그래요, 이게 잘 안 되는 이유가 있어요. 이제 저의 주장을 설명할 보고서를 제출하겠습니다" 하고 말하라.

만약 상사가 안정적으로 지지해 주지 못한다면, 계속해서 열심히 일하라. '어떻게 하면 더 발전할 수 있을까? 내가 원하지만 계속 거절당하고 있는 임금 인상은 어떻게 이룰 수 있을까? 영업 실적 개선을 위해서 취할 수 있는 방법은 무엇인가?' 그들이 당신에게 안정적인 답을 줄 때까지 그들의 영역에서 벗어나지 마라.

논쟁적인 태도를 취하지 말고, 달래라. 만약 당신에게 불법적으로 빨리 일을 진행시키라고 지시하는 상사가 있다면, 노골적으로 거절하지 말라. 대신 "감사가 알 수도 있는데 우리가 어떻게 그러겠습니까"라고 말하라. 당신은 거절하지 않았지만 입장을 고수하고 상사의 의견에 따르지 않을 것임을 밝혔다. 그들은 더 이상 자신의 뜻을 당신에게 강요하지 않을 것이다.

084

정치하지 마라

회의에서 어떤 사람이 정치를 한다면, 그들에게 말하라. "당신은 지금 정치를
하고 있어요. 기분이 나아지면 돌아와요."
― 잔 하비존스 경Sir John Harveyjones

정치가는 정치를 하는 사람이다. 당신은 정치가가 아닌 관리자이다. 당신은 상황과 프로젝트를 관리한다. 사람들은 관리를 필요로 하지 않는다. 그들은 스스로 경영하고 관리한다. 때로 탈선하는 사람이 있으면 정치를 하라. 당신이 그들을 다스릴 필요는 없다. 만약 당신이 정치를 한다면 한계 이상의 일을 위해 사람을 사용하는 것이다. 정치는 사람을 겁주고, 교활하며, 정직하지 못한 수단을 사용하는 등의 측면을 포함한다.

이웃을 사랑해야 하지만, 이웃을 가려내야 한다. 정치행위가 필요하지 않은 괜찮은 사람들과 사귀어야 한다.

관심과 경쟁이 덜한 프로젝트에 참여할 수 있도록 노력하라. 팀과 부서에 한해서도 마찬가지이다. 여기서 당신은 계속 경쟁할 필요없이 빛날 수 있다. 모든 회사에는 모함 없이 일을 마치는 사람이 있다. 이런 사람들을 사귀라.

항상 정보를 공유하라. 그러면 정치를 하려는 사람들을 제압할 수 있다. 모든 사람의 친구가 되면 누구도 당신을 무뚝뚝하고 냉담하다고 모함할 수 없다.

정치를 하지 않더라도, 항상 경계해야 한다. 숨어 있는 진의, 인신공격, 가십 등의 것을 말이다. 운 좋게 이런 것을 거의 경험하지 않는다 해도, 재빠르게 대처할 수 있어야 한다. 정치를 하지 말고 직설적으로 말하고 비정치적 ─ 정직하고 개방적이며 솔직한 ─ 인 행동을 하라. 복잡할 것 없다.

085

다른 사람을 비방하지 마라

왕이 벌거벗고 있다는 것을 지적하는 것은 어린이나 정신이상자의 특권이다.
하지만 정신이상자는 계속 정신이상자로, 왕은 계속 왕으로 남게 된다.
— 닐 가이맨Neil Gaiman, 마크 헴펠Marc Hempel

앞서 나는 다른 산업, 조직과의 경쟁이 얼마나 당신을 자극하고, 격려하는지 그리고 절대로 경쟁을 두려워해서는 안 된다고 말했다. 하지만 동료나 다른 부서와의 경쟁은 어떠한가? 똑같은 이치다. 누구도, 무엇도 두려워해서는 안 된다. 만약 일을 창의적으로 빠르게 할 수 있다면, 더더군다나 당신이 정치적인 행위를 하지 않고, 그러한 제의 또한 거절한다면 정직하고 믿음직하게 보일 것이다. 절대로 다른 부서를 비판하거나 비방하고 힐난해서는 안 된다.

만약 다른 부서를 비난한다면, 당신은 약하고 무능한 사람처럼 보인다. 물론 다른 사람들은 우리를 비방하고 이로부터 이득을 얻는 것처럼 보인다. 하지만 그들이 밤에 다리 뻗고 잘 수 있을까? 그들이 자신의 일을 즐길 수 있을까? 그럴 수 없을 것이라고 생각한다. 그런 사람들과 일해 본 적이 있다. 그들은 자신이 얼마나 일을 잘하는지, 나머지 사람들이 얼마나 무능한지에 대해 트집을 잡았지만, 속으로는 진실을 알고 있기 때문에 벌벌 떨고 있었다. 다른 사람들이 당신의 흠을 잡는다고 해서 당신보다 나은 사람이 되는 것은 아니다. 만약 당신이 새로 승진한 다른 사람에 대해 그들이 얼마나 멍청한가에 대해 떠들어도 소용이 없다. 누구도 고마워하지 않는다.

끊임없이 다른 관리자에 대해 비방하고 다니는 관리자와 일한 적이 있다. 재미있는 것은 그가 지적하는 다른 관리자들의 결점이 그에게도 해당된다는 것이다. 그만 빼고 모두가 알고 있는 그 사실 때문에 우리는 그를 비웃었다. 그는 자신의 결점을 스스로 드러내고 있다는 것을 몰랐다.

086

알고 있는 것을 공유하라

알고 있는 것을 공유하라. 더 중요한 것은 상상한 것까지 공유하라는 것이다.
그들이 스스로 사실을 발견하도록 이끌어라. 당신이 인생을 사는 방법은
그들에게 직접 말하는 것만큼이나 영향력 있는 가르침이다.

— 톰 카완Tom Cowan

이번 법칙은 당신보다 덜 알고 있는 리더에 대한 것이다. 그들은 그렇
게 조금 알고 있어야 할 필요가 없고, 당신은 그렇게 많이 알고 있어야
할 필요가 없다. 하지만 당신이 알고 있는 모든 것을 공유한다면 그들
은 당신만큼 알게 될 것이다. 어떤 관리자들은 이것을 위협적이라고 여
긴다. 그것은 어리석은 생각이다. 업무를 누군가에게 나누어주고 훈련
시켜야 한다. 당신이 승진하면 당신 자리를 물려받을 사람을 찾아라.

어떤 관리자들은 충분히 알고 있지 못하고 있다는 느낌 때문에 정보
를 공유하는 것을 꺼린다. 하지만 학교에서 영어를 배울 때를 생각해
보자. 문법과 구두법 같은 것을 알고 있는 영어교사만 있어도 충분했

다. 수상 경력이 있다거나 노벨상을 받은 사람을 필요로 하는 것이 아니다. 그저 영어교사면 충분하다.

　동료들과의 공유 역시 중요하다. 더 많이 줄수록, 더 많이 돌려받는다. 스무 명의 다른 관리자들에게 정보를 줬다고 가정해 보자. 그들 중 반만 은혜를 갚는다면 당신은 10가지의 새로운 정보를 얻게 된다. 그들은 당신 한 사람으로부터 정보를 얻었지만 당신은 열 명으로부터 얻는 것이다. 그들은 분명히 당신과는 정보 공유를 하겠지만, 서로서로는 아니다. 왜인지는 묻지 마라. 아마 그들은 당신에게는 빚을 졌다고 생각할 것이다.

087

겁주지 마라

> 자신이 얼마나 중요한지 제대로 알기 위해서는,
> 자신을 숭배하는 개와 무시하는 고양이를 키워야 한다.
> — 데레크 브루스Dereke Bruce

관리자가 된다는 것은 권력과 힘을 갖게 됨을 뜻한다. 현명한 관리자는 가진 힘을 어떻게 조정해야 하는지 알고 있으며 남용하지 않아야 한다.

사람들은 당신을 관리자로서 존경하고 존중하며 심지어는 두려워한다. 당신은 그들을 고용하고 해고할 수 있는 힘을 가지고 있으며, 그들 역시 그 점에 대해 알고 있다. 하지만 그들이 당신을 신뢰할 수 있도록 노력해야 한다. 당신이 언제나 그들과 함께 있다는 것을 알 수 있게 예측 가능한 행동을 해야 한다. 팀원을 겁주면서 지위를 남용해서는 안 된다.

많은 관리자들은 부족한 자신감과 확신 때문에 직원을 겁주고 위협

한다. 우리는 그들을 불쌍하게 여겨야 한다. 만약 우리가 그런 상사 밑에서 일하게 된다면, 그들이 나아질 수 있도록 노력하라. 이 책을 복사해서 그들의 눈에 우연히 뜨일 수 있는 장소에 놓아두면 어떨까?

많은 관리자들이 자신의 태도가 직원들이 서로를 대하고 고객을 대하는 태도에 영향을 미친다는 사실을 모르고 있다. 만약 그들의 관리자가 친절하고 협조적인 사람이라면, 이런 태도는 그들에게 전염되어 똑같은 방식으로 서로를 대하고 고객을 대하게 된다.

이런 방식으로 일하는 것이 인생을 더 쉽고 생산적으로 만든다. 사람들은 두려움 대신 보상이 있는 조직에서 일하는 편이 낫다고 생각한다.

088

부서 간 싸움을 넘어서라

우리는 너무 자주 부서에는 이익이 되지만 회사 전체에는 손해가 되는 결정을
한다. 부서 이기주의는 바로 그런 것이다. 좋은 관리자는 한 부서의 이익보다
회사 전체를 생각하는 사람이다.
— 무명 씨

동시에 두 명의 상사 밑에서 일한 적이 있다. 서로 싫어하는 두 사람이
회사를 같이 경영했다. 각자의 목표와 계획을 가지고 있었고 거의 목숨
을 걸고 싸웠다. 이것은 좋지 않은 일이었다. 그들이 각자 다른 영역을
책임지고 있었다면, 매우 편안했을 것이다. 두 명의 상사가 수시로 서
로의 영역을 침범하고 넘나드는 상황은 정말 참기 힘들었다. 그들은 서
로를 괴롭히고 대화조차 하지 않으려 했다. 나는 책략가가 되어야 한다
는 사실을 알았다. 한 명의 관리자는 위층에서, 다른 한 명은 아래층에
서 일했고 나는 그 사이를 오고 가야 했다. 또한 두 관리자를 서로 싸움
붙여 내가 원하는 것을 얻을 수 있다는 사실도 알았다. 하지만 그건 부

도덕한 짓이었다.

부서간의 경쟁이 너무 심해서 생산성을 저해하고 직원들의 이직률이 높은 회사에서 일한 적이 있다. 관리자가 이 사태를 해결할 수 있을 것으로 생각하겠지만 내 경험에 의하면 관리자들 역시 어리석고 아이 같은 행동을 한다. 그러지 않도록 주의하라. 모든 관계에 있어서 정직하고 개방적인 태도를 가지라. 그러면 당신은 훌륭한 명성을 얻을 수 있고 누구도 당신을 비난할 수 없을 것이다.

089

팀을 위해 싸우라

> 짐: 이 부서에는 이 밖에 어떤 사람들이 있죠?
> 험프리 경: 간단히 말하자면 나는 사무차관으로 알려진 국무차관입니다. 10명의
> 부장관, 87명의 차관, 219명의 차관보가 내가 전적으로 책임져야 하는 사람들입니다.
> 수상은 두 명의 정무차관을 임명하고 당신은 자신의 의회 개인 비서를 임명할 것입니다.
> 짐: 그들이 모두 타이핑을 할 줄 압니까?
> 험프리 경: 우리는 아무도 타이핑을 못합니다. 맥키 부인만 할 줄 알죠, 그녀는 비서입니다.
> — Yes Minister

당신 팀은 업무를 수행하기 위한 수단이다. 팀 없이 당신은 아무것도 아니다. 팀이 없다면 당신은 채워져야 할 빈 종이일 뿐이다. 당신은 팀을 지지하고, 칭찬하며 팀을 위해 싸워야 한다. 필요하다면 죽을 힘을 다해서. 현명한 관리자는 팀을 응원함으로써 충성과 존경을 이끌어 낸다.

팀원들로 하여금 당신을 리더나 보호자뿐 아니라 영웅, 챔피언이라고까지 생각하게 해야 한다. 누군가 당신을 비난하려고 하면, 더욱 그들을 보호해야 한다. 누군가 이 점을 악용하려 할 때도 열심히 그들을 보호하라.

반면에 언제나 그들을 희생시킬 수도 있어야 한다고 생각하는 관리

자들이 많다. 그들은 이것이 현명한 조건이고 적절한 선택이라고 여긴다. 어떻게 생각하는가? 나는 여러 사람들과 함께 일해 봤으니 믿어라, 그런 사람들은 쉽게 직원을 잃게 된다.

직원이 당신의 보호를 받는다는 사실을 알면, 그들은 당신을 믿고 최상의 이익을 위해 성심성의껏 일할 것이다. 만약 그들에게 부당한 짐이 지워진다면, 그들의 편에 서라.

당신은 팀을 지지하고, 칭찬하며 팀을 위해 싸워야 한다. 필요하다면 죽을 힘을 다해서. 현명한 관리자는 팀을 응원함으로써 충성과 존경을 이끌어 낸다.

090

마음에 들기보다는
존경받으려고 애쓰라

모든 학생이 모든 교사의 마음에 들 수 없는 것은 당연하다. 또한 교사는
학생의 마음에 드는 것보다는 존경을 받아야 한다. 이 두 가지를 다 획득하려면
친밀감을 표시하는 것보다 격려해 주고 힘을 실어주는 것이 중요하다.

— 마빈 마샬Marvin Marshall

관리자로서 팀원들의 마음에 들기보다는 존경받으려고 애써라. 당신은
그들이 받은 것만큼 돌려주길 원한다. 당신은 그들이 당신을 신으로 여
기길 원한다. 그렇다면 당신은 신비감, 권위, 친근감을 만들어 내야 한
다. 그리고 그들과 얽매이지 않은 상태로 남아야 한다.

언젠가 이들 중 일부를 해고해야 할 것이지만 필요 이상으로 가혹해
서는 안 된다. 언젠가 이들 중 일부만을 승진시켜야 할 때 편애하고 있
다는 느낌을 줘서는 안 된다.

그들이 당신을 존경하고 존중하며, 역할 모델로 삼을 수 있어야 한
다. 올바르지 못한 행동을 보이면, 존경받을 수 없다. 너무 그들에게 친

근감 있게 대하면 신비감을 조성할 수 없게 된다. 냉담하다고 느끼지 않고 존경할 수 있도록 적당한 거리를 유지하라.

또한 물리적으로 무관심해지라. 등짝을 때리거나, 안거나, 키스하는 등의 행동은 자제하라. 그런 행동은 혐오감을 낳을 수 있으며, 존경은 커녕 증오심을 불러일으킬 수 있다. 항상 권위를 지켜라. 그리고 당신의 스타일, 신용, 권력도 유지하라.

당신은 그들이 당신을 신으로 여기길 원한다. 그렇다면 당신은 신비감, 권위, 친근감을 만들어 내야 한다. 그리고 그들과 얽매이지 않은 상태로 남아야 한다.

091

한 가지 혹은 두 가지만을 잘하고 나머지는 피하라

프로젝트에서 처음 90퍼센트의 일이 90퍼센트의 시간을 차지한다. 나머지 10퍼센트의 일은 나머지 시간의 90퍼센트가 걸린다.
—무명 씨

정말 훌륭한 관리자는 전문가이다. 당신이 모든 사람의 업무를 해낼 수는 없다. 가장 잘하는 분야를 고르고 나머지는 다른 사람들에게 맡겨라. 나는 가능한 한 적은 일을 하려고 노력한다. 좋은 관리자일수록, 적은 일을 해야 한다고 생각한다. 당신은 업무를 위임하면 된다.

기본적으로 다른 관리자들과 대화하는 것이 내가 가장 잘하는 일이라고 여긴다. 나는 영업을 하지는 않지만, 영업사원이 나를 찾아올 수 있도록 문을 열어둔다. 내가 직접 회계 업무를 보지는 않아도, 그들과 접촉하고 관장한다. 나의 '하나 혹은 두 가지 일' 은 회의를 주최하고, 기업 주체성, 시장의 위치 등 회사의 전반적인 업무를 두루 살피는 것이다. 나는 회사를 관리하지만 생산을 하지는 않는다. 내 한계점을 알고 있다. 내가 잘하는 것과 못하는 것도 안다. 나는 세부적이고 일상적이고 규칙적인 일에 약하다. 반면 갑작스럽고, 흥미롭거나, 일회적인 일에는 강하다.

당신이 잘하는 일은 무엇인가? 못하는 일은? 당신이 잘하는 한 가지 혹은 두 가지 업무를 어떻게 설명하겠는가?

> 나는 가능한 한 적은 일을 하려고 노력한다. 좋은 관리자일수록, 적은 일을 해야 한다고 생각한다. 당신은 업무를 위임하면 된다.

092

업무의 피드백을 구하라

전혀 아이디어를 내지 않는 것보다는 일부 틀릴지라도 충분히 많은 아이디어를
내놓아라.
— 에드워드 보노 Edward de Bono

우리는 보통 직감을 따를 수 있고 일을 잘했을 때를 알아챌 수 있기 때
문에 한 일에 대해 군이 지지를 구하지는 않는다. 하지만 피드백은 언
제나 좋은 것이다. 당신은 동료와 경쟁자, 팀원, 상사와 고객으로부터
피드백을 받아야 한다. 칭찬과 찬성 혹은 사랑 말고 피드백을 구하라.
모두 한 팀임을 기억하라. 당신에게 피드백이 필요한 이유는 다음과
같다.

- 당신의 장점과 단점을 확인하라.
- 자신의 평가와 비교하라.

- 잘못된 일을 다시 반복하지 않도록 상황으로부터 배우라.
- 당신이 책임지고 조치를 취해야 하는 문제의 범위를 확인하라.
- 팀원들은 어떻게 하는지 살펴보라.

이 중 어느 것도 칭찬이나 찬성을 포함하고 있지는 않다. 상황이나 프로젝트에 대한 적절한 평가일 뿐이다.

이제, 어떤 식으로 피드백을 구하겠는가? 팀 내에 있는 사람들로부터 구하는 것이 쉽다. 다음과 같이 말해 보자. "자 그럼, 우리는 어떻게 했는가?" 그들이 잘 말해 줄 것이다.

다음은 상사에게, "내가 어땠습니까"라고 물어보자. 이 역시 쉽다.

고객 또한 어렵지 않다. "우리가 서비스, 상품, 배달 시간 등에 있어서 개선해야 할 점이 있나요?" 그들은 잘 말해 줄 수 있다.

동료들에게도 물어라. "팀의 배치에 대해 피드백 좀 해 주시겠습니까?" 혹은, "전람회와 관련해서 이야기 좀 해 주겠어요?" 하지만 "내가 무엇을 잘못하고 있는지 말해 줄래요"라든가 "팀의 배치가 잘못되어가는 것은 알겠는데 어디가 문제인지 모르겠어요" 하는 식으로 말을 꺼내서는 안 된다. 그들로 하여금 좋은 점과 나쁜 점에 대해 말할 수 있게 하라. 그리고 그저 고개를 끄덕이며 "고맙다"고 말하라.

093

좋은 관계와 우정을 유지하라

우정이 깊으면 비위에 거슬리는 말도 할 수 있다고 생각하지 마라. 누군가와
가까워질수록, 예의와 요령이 필요한 법이다.
— 올리버 홈즈Oliver Wendell Holmes, 시인

"우리는 한 팀이잖아, 안 그래"라는 식의 말을 자주 하는 친구가 있다.
그는 남의 말에 끼어들거나, 남의 아이디어를 도용할 때 그런 말을 사
용한다. 정말 매너 빵점이라고 할 수 있다. 예의 바른 태도와 좋은 매너
는 간단해 보이지만 정말 어려운 주제이다.

좋은 매너를 가지고 있다면 일터에서 좋은 관계와 우정을 얻을 수 있
다. 이것이 모든 사람을 받아들이고 포용하는 것을 의미하지는 않는다.
훌륭한 매너는 공손하고 따뜻하며, 인간미 넘치고 반가워하는 것 등을
말한다.

이것은 좋아하지 않는 사람, 과거에 무례하게 행동했던 사람에게 쓸

때는 속임수가 될 수 있다. 하지만 그때가 이 기술을 사용하는 가장 적합한 때이기도 하다. 무례하고 불쾌한 사람일지라도 웃으면서 마음을 열고 다가가는 사람에게라면 계속 무례하게 대하기는 힘들다.

모든 동료가 당신과 마찬가지로 따뜻한 대우를 받기 원한다. 모두에게 기쁘고 긍정적인 태도로 다가간다면 그들 역시 똑같이 반응할 수밖에 없다. 할 수 있다면 그들을 도와주라. 사람들에게서 좋은 점을 발견하라. 좋아하거나 존경할 수 있는 점에 초점을 맞춰라. 최고 지위에 있을지라도 평범한 직원들과 많은 시간을 함께하라. 모두를 동등하게 대우하라. 존경과 관대함을 가지고 대하라.

094

고객과의 사이에
존중을 쌓아라

우리는 모두 고객보다 먼저 그들의 기대를 파악해야 한다.
— 다이니쉬 K. 굽타Dinesh K. Gupta

한번은 라디오에 나온 매우 유명한 세일즈맨이 고객에 대해 이야기하는 것을 듣고 그들이 참 다른 사람들이라고 생각했다. 그는 자기가 파는 제품을 사지 않으려는 사람들을 적당히 속여넘기는 것이 공정하다는 식으로 말하였다. 깨알 같은 글씨의 제품 안내서를 읽지 않는다면 그것은 소비자의 잘못이라는 것이다. 사실 나는 아이들과 함께 저녁식사를 하려고 할 때 이런 잘못된 태도를 지닌 세일즈맨의 전화를 받는 일이 자주 있었다. 그들에게 대응하는 데도 나름의 기술이 생겨서 안 들리는 시늉을 하고 소리를 지르기도 하며, 지쳐서 끊어버릴 때까지 기다리라고 방치하기도 한다.

고객을 속이거나 거짓말하지 마라. 그들은 당신에게 필요한 사람들이다. 고객은 절대 큰 골칫거리가 아니며 중요한 관계이다. 그들은 나에게 음식과 옷 등을 제공해 준다. 왜 그런 사람들을 괴롭히는가? 그 답례로 나는 그들에게 즐거움, 재미, 질 좋은 상품 등을 제공해야 한다. 그들이 나에게 주는 것 때문에 존중하고 그들 역시 내가 주는 것 때문에 나를 존중한다.

고객을 속이거나 거짓말하지 마라. 그들은 필요한 사람들이다. 고객은 절대 큰 골칫거리가 아니며 중요한 관계이다.

095

고객을 위해 더 노력하라

탁월함은 기술이 아닌, 기준이다.
— 마이클 헤펠Michael Heppell

이것은 가장 쉬운 원칙이다. 전력을 다해야 한다는 것은 일어났을 때부터 잠자리에 들 때까지 마음에 새겨야 하는 원칙이다. 문제는 고객들이 당신을 불편하게 만들 때이다. 그들은 물건을 원하고, 요구하고, 불평하며, 불만족할 때는 환불해 달라고 요청한다. 분에 넘치는 서비스를 요구하며, 회사 전체가 그들을 위해 일하기를 바라며, 공짜 선물을 달라고 하고, 하나를 사면 덤으로 하나를 더 요구한다. 도대체 그들은 자신이 무엇이라고 생각하는 것일까?

한 가지를 확실히 해 보자. 고객이 없으면 아무런 의미가 없다. 어떤 것을 만들어도 소용없다. 어떤 행동도 의미를 가지지 못한다.

이제 우리는 고객의 중요성을 알고, 어떻게 그들을 고객으로 만들고 유지하며 만족시킬 수 있을 것인지, 어떤 식으로 더 노력할 것인지에 대해 생각해야 한다. 아첨할 필요는 없지만 어떻게 환심을 살 수 있을지 창의적인 방법을 생각하라. 이미 있는 고객에게 잘하는 것이 새로운 직원 한 명을 고용하는 것보다 낫다. 지금 당장 어떤 식으로 한층 더 노력할 것인지에 대해 세 가지 방법을 강구하라.

고객이 없으면 아무런 의미가 없다. 어떤 것을 만들어도 소용없다. 어떤 행동도 의미를 가지지 못한다.

096

책임을 알고 원칙을
고수하라

성공이 행복의 열쇠가 아니다. 행복이 성공의 열쇠이다. 당신이 하고 있는
일을 사랑하면, 당신은 성공할 수 있다.

— 앨버트 슈바이처 Albert Schweitzer

관리자는 팀 내에 있는 사람들에 대해 책임감을 가져야 한다. 그들로
하여금 보호받고 있다는 확신을 가지게 해야 하며 안전하고 건강하며
편안하고 적절한 대우를 받고 있다고 느끼게 해야 한다.

환경에 대한 책임도 있다. 지나치게 해를 가하거나 피해를 주거나 생
명을 위협해서도 안 된다. 과격한 환경운동가가 될 필요는 없지만 해를
끼치지는 말아야 한다. 가슴에 손을 얹고 환경 경영을 수칙으로 삼고
있다고 말할 수 있는가?

당신은 몇 가지 원칙을 가져야 한다. 해를 끼치고 위협을 가하지 않
아야 한다. 일정한 선이 있어야 하고 그걸 넘어서는 안 된다. 일정 부분

을 환원해야 한다. 당신 주변에서 무슨 일이 일어나고 있는지 알아야 하며, 당신이 소속되어 있는 산업이 환경에 기여하는 부분에 대해서도 알아야 한다.

관리자는 팀 내에 있는 사람들에 대해 책임감을 가져야 한다. 그들로 하여금 보호받고 있다는 확신을 가지게 해야 하며 안전하고 건강하며 편안하고 적절한 대우를 받고 있다고 느끼게 해야 한다.

097

항상 솔직하라, 그리고
사실을 말하라

정직함이 최선의 기술이라는 사실을 알았다. 사람들에게 당신이 이루고자 하는 것과
그것을 이루기 위해 희생해야 하는 것에 대해 말하라.
— 리 아이아코카Lee lacocca

이번 법칙은 바로 전 법칙과 이어지는 것이다. 만약 상사가 어리석고
정직하지 않다고 느끼면, 그에게 말을 걸거나 함께 일하고 싶지 않을
것이다. 정직은 선택하기 어려운 것이다. 하지만 거짓말을 하거나, 훔
치거나, 악용하거나, 속이지는 말아라.

　관리자는 신뢰와 명예라는 특권을 가지게 된다. 당신은 사람들에 대
한 책임과 권리가 있다. 그들을 괴롭히거나 다치게 할 수 있다. 하루 종
일 당신을 위해 일하고 집에 갈 때 그들은 살고 숨 쉬고 느끼고 사랑하
며 꿈꾸고 희망한다. 그들을 화나게 하거나 욕보이거나 거짓말을 하면
그들의 가까운 가족과 친구들에게까지 영향을 미칠 수 있다. 항상 진실

만을 말하라. 만약 좋은 이야기를 할 수 없다면, 아무 말도 하지 마라.

상사에게 거짓말하지 마라. 그러라고 당신을 고용한 것이 아니다. 그들은 항상 정직하고 진실만을 말하길 원한다. 만약 잘 모르겠다면, 속이지 말고 말하라. 그들이 적절한 조치를 취할 것이다. 조금 실망하겠지만 당신의 경고에 대해 고마워할 것이다.

고객에게 거짓말하지 마라. 만약 고객이 그 회사 제품이 타 회사 것보다 낫느냐고 물으면 그것이 사실이기 때문에 거짓말할 필요가 없게 된다. 하지만 만약 어떤 제품의 성공 여부에 대해 물었을 때 그렇지 못하다면 창의적인 방법으로 진실을 전해야 한다. "영업 실적에 대해 다소 놀랐지만, 아직 개선해야 할 점이 남아 있다"라고 말하라.

098

지름길로 가지 마라
─정체가 밝혀질 것이다

당신은 서비스에 대해 적당히 타협했는가?
지름길로 가거나, 부분적으로만 성사시키고, 심지어는 약속을 잊었는가?
특별한 서비스는 고객과 한 모든 약속을 지키는 것을 의미한다.

—마크 샌번Mark Sanborn, 동기부여가

당신은 비행기를 만든다고 하자. 지름길을 택하겠는가? 표준 이하의 금속을 날개 만드는 데 사용하는가? 엔진을 고물 대체품으로 대신하겠는가? 그건 안 된다고 생각한다. 금세 탄로가 날 것이다. 잘못된 제품을 사용해서 손해를 입은 고객이 기업 관리자를 고소하는 일이 종종 일어나고 있다. 자신이 일한 것에 대해 모두 책임을 진다면 세상은 훨씬 나아질 것이다.

비행기도 안 만들고, 아무것도 만들지 않는다. 단지 컴퓨터 프로그램을 작성한다. 훌륭하고 안전하다. 다치는 사람이 없는가? 확실한가? 잘 생각해 보라. 관리자라면 최악의 시나리오까지 생각하고 일하라. 우리는 누군가를 다치게 하고 상처 주고 죽이는 등의 행위에 책임져야 한다.

지름길로 가는 것은 가치가 없다. 모두 금방 알아차릴 것이다. 당연한 이치다. 상사의 지시와 당신 원칙이 맞지는 않지만 생계를 위해서 일해야만 할 때, 진퇴양난에 빠질 것이다. 그래서 가만히 상사가 시키는 대로 따르는 편이 낫다고 생각할지도 모른다. 하지만 그렇지 않다.

당신은 상사에게 지름길을 택하는 것은 시간 낭비일 뿐이라는 것을 증명하기 위해 최선을 다해야 한다.

자신이 일한 것에 대해 모두 책임을 진다면 세상은 훨씬 나아질 것이다.

099

지휘하고 책임지라

> 공감하지 못하는 리더는 다른 사람을 감동시키지 못한다. 함께 일하는
> 분위기에 자연스럽게 스며들 수 있는 리더는 존경을 얻는다.
> — 워렌 베니스Warren Bennis

당신은 관리자이고 따라서 관리한다. 일이 효과적으로 되도록 관리하는 것이다.

관리자들이 관리하고 지휘하는 것을 두려워하는 것은 새로운 현상이다. 그들은 팀원이 분노하고 비난할 것을 염려해서 관리를 꺼리는 것처럼 보인다. 그것은 사실과 다르다. 훌륭하고 힘이 센 관리자가 있는 팀이 훨씬 일을 잘한다. 관리자 없이는 모두 길을 잃고 두려워하며 헤맨다.

당신은 팀 내에서 영웅이 되어야 하고 상사 다음의 지휘권을 가져야 한다. 말하자면 다음과 같은 리더가 되어야 한다.

- 의존할 수 있는

- 의지가 되는

- 강한

- 신뢰할 수 있는

- 헌신적인

- 충성스러운

- 든든한

- 책임이 있는

이것은 어렵고 힘든 요구이고 요청이다. 하지만 큰 보상이 뒤따를 것이다. 잘만 한다면 관리자가 된다는 것은 정말 굉장한 일이다.

100

회사를 위해 외교관이 되라

외교 — 사람들을 당신의 방식대로 일하게 하는 예술

—무명 씨

회사를 위해 아첨을 할 필요는 없지만, 반드시 외교관이 되어야 한다. 회사는 때로 당신을 화나게 할 것이다. 또한 때로는 끝없는 기쁨을 줄 것이다. 만약 정치적인 문제와 험담으로부터 완전히 해방될 수 있다면, 성공적인 직장생활을 하게 될 것이다. 모든 회사는 장단점이 있다는 사실을 받아들여라. 보다 장점에 초점을 맞추고 당신처럼 훌륭한 관리자를 고용한 회사를 자랑스럽게 여겨라.

어떤 일을 하든지 어디를 가든지, 당신의 회사를 떠우라. 자랑스럽게 생각하는 것만큼 자신감을 키우는 방법도 없다.

누군가 불평한다면 일단 받아들여라. 그리고 그 사람에게 조사 후 해결하겠다고 말하라.

회사를 위한 외교관이 되어야 한다는 것은 당신에게 회사가 하는 일이 무엇인지를 묻게 한다. 그리고 그 일을 하는 것이 행복한지를 자문하게 될 것이다. 이미 자랑스럽게 생각하고 있다면 잘된 일이다. 하지만 만약 아직까지 의문과 의심을 가지고 있다면, 이에 대해 규명해야한다. 그렇다고 해서 즉시 그만두고 포기할 필요는 없다.

고객과 회사를 위해 한층 더 노력하라. 예스맨이나 아첨하는 사람이되라는 말은 아니다. 강해지고 자신감 넘치고 의존하지 않으면서 회사의 외교관이 될 수 있다.

마지막

비밀입니까? 안전한가요?
— 간달프, 영화 〈반지의 제왕Lord of Rings〉 중에서

이제 더 이상의 원칙은 없다. 나는 관리자가 된 것을 즐겨왔고 여전히 그렇다. 그것은 상당한 스트레스와 함께 만족감을 주었다. 하지만 동시에 모험이었고 흥미로운 경험이었다.

수년에 걸쳐 관리자 훈련 과정에서 새로운 원칙을 발견했다. 이런 원칙은 내가 하위 관리자에서 지금과 같은 CEO로 성장할 수 있도록 도와주었다. 당신에게도 도움이 되길 바란다.

이 모든 것을 배우고 실천하며 동의하기를 원하지는 않는다. 하지만 이 원칙은 당신이 이성적인 결정을 하고 경영을 할 수 있는 디딤돌이 될 것이다.

이 책을 쓸 때 많은 다른 관리자에게 그들의 삶을 지탱하는 비밀스러운 원칙에 대해 물었고, 그들은 실제로는 제대로 작동하지 않는, 학교

에서 배운 것들에 의해 조종되고 있다는 사실에 놀랐다. 정말 슬픈 일이다. 그들은 스트레스를 받고 있다. 반면, 이 책에 나오는 원칙대로 살고 있는 사람들은 훨씬 행복하고 여유 있어 보였다. 그리고 직원들은 그들을 존중하고 존경하며 함께 일하는 것을 즐기고 있었다.

행운을 빈다.

모든 직급의 관리자를 위한

리더십 핸드북

초판 1쇄 발행   2006년 4월 7일
초판 2쇄 발행   2007년 7월 20일

지 은 이   리차드 템플러
옮 긴 이   한근태
펴 낸 이   성의현
펴 낸 곳   미래의창

등   록   제 10-1962 (2000년 5월 3일)
주   소   서울시 마포구 서교동 395-179 미르빌딩 5층
전   화   325-7556 (편집), 338-5175 (영업)
팩   스   338-5140
홈페이지   http://www. miraebook.co.kr (한글주소: 미래의창)
이 메 일   miraebook@miraebook.co.kr

ISBN 89-5989-031-6 03320